아메리칸 티엔시아

중국의 돈, 미국의 권력
그리고 역사의 종언

美國

AMERICAN TIANXIA

天下

아메리칸 티엔시아

중국의 돈, 미국의 권력
그리고 역사의 종언

살바토르 바바우네스 지음 | **현민** 옮김

이담북스

- 이 책은 2020년 대한민국 교육부와 한국연구재단의 지원을 받아 수행된 연구입니다.
 (NRF-2020S1A5C2A02093112)

- 이 책의 모든 주는 역자의 주입니다.

2016년 3월 직업 관료인 닝지저어(Ning Jizhe)가 중국 국가통계국 신임국장으로 임명되었다. 그는 국가통계국 신임국장으로서 매우 적합한 인물이다. 왜냐하면 그는 국가발전개혁위원회의 부의장으로서 중국의 경제 목표를 설정하는 것을 책임지는 한편, 국가통계국의 수장으로서 중국경제 목표의 성공 여부를 평가하는 직책을 맡을 예정이기 때문이다. 2015년 당시 중국경제는 불안정해 보였으며 경제지표는 향후 경기 침체의 분명한 징후를 보여주고 있었다. 그러나 닝 국장이 취임한 순간부터 중국의 경제통계는 정부 계획에 딱딱 맞아떨어졌다. 세계는 새로운 통계를 액면 그대로 받아들였고, 중국은 지난 6년간(2016-2022년) 다시 한번 인상적인 경제성장을 보여주었다. 심지어 2021-2022년의 대규모 코로나바이러스 봉쇄도 중국의 GDP 성장률을 거의 훼손시키지 못했다.

35년간에 걸친 중국의 급속한 경제성장은 2015년에 사실상 끝났다. 여타 간접적 지표와 도구변수를 활용한 경제 모형으로 유추

해보면 중국은 수년 동안 3%를 약간 상회하는 수준으로 성장하였을 뿐이다. 심지어 그 수치에는 진정한 자본주의 경제에서는 발생하지 않을 경제적으로 낭비적인 생산이 많이 포함되어 있었다. 녹이 슬어 방치된 강철산(鋼鐵山)의 제조, 거주준비가 전혀 되어 있지 않은 대규모 주거단지의 건설, 그리고 기술적으로는 GDP 수치 향상에 기여하지만 인간적 요구에 대한 실질적 충족은 거의 없는 새로운 코로나바이러스 경제 등이 여기에 포함된다. 중국은 여전히 세계의 공장이지만 더 많은 포템킨 마을*을 건설하는 것을 통해 성장하고 있을 뿐이다.

중국(China)의 중국어 명칭, 중궈(*Zhongguo*, 中國)는 글자 그대로 가운데 중(中), 나라 국(國), 즉 '중심국가'(Central State, 또는 좀 더 시적으로 표현하자면 '중앙 왕국[Middle Kingdom]')를 의미한다.

---

* 포템킨 마을(Potemkin village): 포템킨 마을이란 1787년 예카테리나 여제가 새로 합병한 크림반도를 시찰했을 때에 일어난 일화에서 연유한다. 당시 매우 낙후되어 있던 그 지방의 군사와 행정을 책임진 포템킨(Grigori A. Potemkin)이 여제의 환심을 사기 위한 계략으로 나무판에 아름다운 마을 풍경을 그려 여제를 태운 배가 지나는 강둑에 세워놓고 여제 일행이 탄 배가 지나가면 신속하게 그림을 하류 쪽으로 옮겨가는 방식으로 마을의 빈곤을 감추고 개발이 잘 된 것처럼 보이게 했다는 것이다. 이 이야기의 진위는 논란이 있지만, 이런 식으로 초라하거나 부끄러운 모습을 숨기려고 거짓으로 꾸며낸 눈가림을 '포템킨 마을'이라 부르게 되었다. 한편 폴 크루그먼은 소련 해체 이후의 러시아 경제를 겉은 멀쩡하지만 실상은 딴판인 '포템킨 경제(Potemkin economy)'라고 꼬집었고, 러시아의 우크라이나 침공 이후 2023년 「뉴욕타임스」에 기고한 글에서는 러시아를 '포템킨 강대국'이라고 비판하기도 하였다.

그리고 현재 중국 지도자들은 자신들의 나라(더 나아가 그들 자신)가 세계적 사안의 중심에 서 있기를 간절히 바란다. 이들에 앞서 제국의 전임자들 그리고 심지어 마오쩌둥조차 자신들의 우월한 도덕적 지위를 주장함으로써 중국이 세상의 중심에 있기를 열망했을 수 있다. 혹자는 중국이 더욱 우월하다는 사실을 받아들이지 않을 수도 있겠지만 적어도 과거의 중국 지도자들은 자신에게 반대하는 사람을 염두에 둘 필요가 없다는 사실에서 위안을 얻을 수도 있을 것이다. 전근대 시절 중국은 그 어떤 이웃 국가보다도 훨씬 더 크고 강력했기 때문에 중국 지도자는 세상이 자신들을 중심으로 회전하고 있다고 믿었으며 그리고 이는 실상과 동떨어진 얘기도 아니었다. 그들은 천하(하늘 아래 모든 것)가 중국에 집중되어 있으며 세상 전체가 진실로 중국천하라고 상상했다.

무례하게도 서구 식민주의는 중국 통치자들이 이러한 꿈에서 깨어나게 만들었고, 지속되는 미국의 지배는 중국천하가 다시 부활하리라는 생각을 단지 애국적 열망에 불과한 것으로 만들었다. 중국의 국제관계 이론가들은 중국경제가 꾸준히 성장함으로써 결과적으로 세계가 다시금 중국을 향하게 되리라고 믿는 듯하다. 그런데 그러한 지속적 성장은 더 이상 불가능하다. 또는 적어도 새로운 중국천하라는 민족주의자의 꿈을 이루어줄 만큼 충분한 수준으로는 성장하지 않고 있다. 설령 그러한 성장이 곧 달성된다 할지라도(심지어 중국의 GDP가 배가 되고 또다시 두 배가 되어 미국을 압도하는 규모의 경제를 달성한다 할지라도) 중국은 세계의 새로운 중심이 될 수 없을 것이다. 크기가 중요하긴 하지만 그렇게 중요한 문제는 아니다.

중국 지도자들에게는 원통한 일이지만 오늘날의 천하는 아메리칸 티엔시아(American Tianxia)*다. 미국이 세계에서 가장 큰 경제와 가장 값비싼 군대를 가지고 있기 때문에 미국의 천하인 것은 아니다. 그러한 요소들이 확실히 도움이 되겠지만 결정적인 것은 아니다. 오늘날의 천하가 아메리칸 티엔시아인 것은 세계적 권력 네트워크가 압도적으로 미국을 중심으로 집결하고 있기 때문이다. 이러한 네트워크의 범위는 가장 확산적 네트워크(예: 연구 및 지식 네트워크)로부터 가장 권위적(예: 군사기술 네트워크)인 것까지를 모두 포괄한다. 이러한 범위 사이에 세계의 가장 중요한 금융네트워크, 시민사회 네트워크 그리고 조약네트워크 모두가 미국에 집중되어 있

---

* 아메리칸 티엔시아(American Tianxia): 저자는 이 책에서 *tianxia*(天下, 티엔시아, 천하)를 한자 그대로의 의미 '하늘 아래 모든 것' 또는 중국적 세계질서(명나라의 천하인 명천하[明天下], 그리고 중국천하 등과 같은 경우)를 칭할 때는 *tianxia*를 보통명사로 사용한다. 이와 달리 저자가 설명하고자 하는 미국적 세계질서에서 사용할 때에는 그 고유성과 유일무이함을 강조하여 American Tianxia와 같이 고유명사로 사용한다. 따라서 이러한 뉘앙스를 구분하기 위해 보통명사 *tianxia*는 천하로, 고유명사인 American Tianxia는 발음 그대로 아메리칸 티엔시아로 옮긴다(외래어 표기법에 따르면 톈샤이지만 어감을 고려하였다). 미국천하(美國天下)와 같은 표현이 가능하나 이런 경우 여타 천하(*tianxia*)와 잘 구별되지 않는다. 또한 천하가 아메리칸 티엔시아와 대비될 때는 천하(*tianxia*)와 같이 영어를 병기하고, 하늘 아래 모든 것을 의미할 때는 천하(天下, *tianxia*)처럼 한자도 병기하였다.

거나 미국을 중심으로 하고 있다. 일대일로 구상을 통해 중국은 차상위의 세계적인 원조네트워크를 형성하는 데 성공하였지만 이러한 성공은 전적으로 중국의 보조금이 지속되느냐의 여부에 달려 있다. 대조적으로 아메리칸 티엔시아의 주요 권력 네트워크는 통상 미국이 아닌 여타 참여자들로부터 오히려 보조금을 받는다. 이것이 아메리칸 티엔시아를 장래의 어떠한 중국적인 것보다 훨씬 더 지속 가능한 것으로 만든다.

출간된 지 5년이 넘은 이 책이 지금도 여전히 유의미하다면, 이는 **아메리칸 티엔시아**라는 세계적 구조가 이를 주제로 한 그 어떤 책보다도 안정적이고 오래 지속될 것이기 때문이다. 전염병, 전쟁, 경제적 혼란은 미국 중심성이 기초하고 있는 권력 네트워크를 단절시키지 않을 것이다. 오직 포스트모던 개인주의에서 다른 어떤 조직적 원리로 세계가 완전히 이데올로기적 방향전환을 할 경우에만 아메리칸 티엔시아의 안정성은 위협받을 것이다. 그러한 일이 일어날 때까지 나는, 독자들이 이 단순하고도 작은 책에서 유용한 통찰력을 찾을 수 있기를 바라며 또한 찾을 수 있으리라고 믿는다.

2023년 5월 28일
살바토르 바바우네스

이 짧은 책은 '하늘 아래 모든 것'을 의미하는 중국어 천하(天下, *tianxia*)라는 큰 개념을 다룬다. 세계적 사안에 있어 중국이 점차 중요한 역할을 맡음에 따라 중국의 학자들은 자신들이 희망하는 국제체제를 묘사하기 위해 이 고전적 의미의 유가 용어를 부활시켰다. 이 체제는 조화롭고, 윤리적이며, 관계적인 그리고, 말할 필요도 없이 문자 그대로, 중국이 중심인 세계다. 고전 중국어에서 천하는 하나의 중심국가(중국)에 초점이 맞추어진 동아시아 세계-체제를 의미하며 여타 민족들은 이 중심국가(central state)에 대해 정당성과 지도력을 기대한다. 이와 유사하게 오늘날 새천년의 세계-체제는 미국에 초점이 맞추어져 있다. 따라서 이 책의 제1장은 '올바른 개념, 그릇된 국가'에 대해 다룬다.

미국이 세계 경제에서 차지하는 규모와 세계-체제의 중심부적 위치는 '탁월성을 가려내는 세계적 체제*'의 통합을 가져왔다. 다시 말

---

* 탁월성을 가려내는 세계적 체제(global systems of distinction): 저자는 각 분야에서

해 거의 모든 영역에서 세계적 성공은 미국에서의 성공을 의미하였고 그 반대도 마찬가지다. 이는 특히 미국 기업이 글로벌가치사슬(global value chain)을 압도적으로 장악하고 있는 산업 분야에서 가장 적실하지만, 여타의 분야에도 해당된다. 그 결과 러시아 대통령 블라디미르 푸틴(Vladimir Putin)이 세계에는 '하나의 주인, 하나의 주재자'(제2장의 제목)만이 있다며 현 질서에 대한 불만을 토로했을 때, 그가 단지 미국 정부 때문에 짜증 난다고 말한 것은 아니다. 그를 짜증 나게 하는 것은 아메리칸 티엔시아라고 부를 수 있는 전체로서의 미국 체제다.

유사하게 중국의 시진핑(Xi jinping) 주석은 미국 중심의 세계에 산다는 사실에 대해 불쾌해하지만, 푸틴과는 달리 미국 중심의 세계에 무언가 대응할 수 있는 가용자원을 가지고 있다. 그 '무언가'란 시진핑의 '일대일로' 구상이다. 시 주석은 '일대일로'를 통해 모든 아프로-유라시아 지역을 중국의 경제적 네트워크에 연결하고자 한다. 다만 문제는 중국에 통합되는 것을 열렬히 환영하는 대부분 국가가 너무 작고 가난하다는 점에 있다. 따라서 제3장에서는 '어디에

탁월한(우수한) 사람(것)을 선별하여 서열을 매기는 위계질서가 미국을 중심으로 한 전 세계, 아메리칸 티엔시아를 지배하는 기본적 질서 체계로 파악한다. 이를 저자는 global system of distinction 또는 (global) distinction hierarchies 등으로 표현한다. 역자는 이를 탁월성의 세계적 체제, 탁월성의 위계와 같은 단일 명사구를 사용하여 번역하는 동시에 문맥에 따라서는 이를 풀어서 의미를 전달하거나 구별 짓기, 선별 등의 용어를 사용하는 방식을 택하였다.

도 다다르지 않는 일대일로'의 사례들을 제시한다. 대안적인 전 세계적 체계를 구축하기 위한 인민의 충성심을 쉽게 사들일 수 없을 뿐만 아니라 충성심을 보이는 동맹국에 대해서는 중국 자신이 비용을 지불해야 한다는 사실은, 이러한 노력이 지속 불가능하다는 것을 보여준다.

아메리칸 티엔시아는 보기 드물게 안정적인 세계-체제의 형태를 띤다. 이는 세계의 인민들 스스로가 그렇게 만들기 때문에 안정적이다. 국가가 아니라 바로 이 세계의 사람들이 말이다. 미국은 개인주의에 기초하고 있고, 점점 더 많은 사람들이 자신이 태어난 국가의 이익보다 자신의 개인적 이익을 우선시하고 있기에 이들은 아메리칸 티엔시아와 발맞추어 나가며 이를 지지한다. 따라서 (프란시스 후쿠야마[Francis Fukuyama]에게는 미안하게도, 자유민주주의가 아니라) 자유주의적 개인주의가 자유(freedom)의 최종 이데올로기로서 후쿠야마가 다다른 역사의 끝에 출현했다. 세계-체제는 통상 수 세기 동안 지속되기 때문에 설령 역사가 여기서 바로 종언되지는 않겠지만 적어도 몇 세기는 휴지기에 접어들 것이다(제4장).

내가 천하라는 용어를 처음 접한 것은 2015년 말 무렵의 일이다. 당시 싱가포르 난양공과대학에 있는 차이니즈헤리티지센터(Chinese Heritage Centre, CHC)의 왕경우도서관(Wang Gungwu Library)에서 몇 개월 근무한 적이 있다. 왕경우(王賡武) 교수는 이 도서관을 위해 돈을 기부하지는 않았다. 단지 책을 기부하였을 뿐이다. 따라서 나는 내가 줄곧 '그의' 책을 읽고 있었다는 사실을 나중에야 깨닫게 되었다. 위대한 지성의 도서관을 통한 독서는 확실히 배움에 있어 흥미로운 방식이다. 그야말로 '개체발생은 계통발생을 되풀이한다.' CHC 20주년 경축행사에서 마침내 왕 교수를 직접 대면하였을 때 그는 나에게 그의 최신간, 『부흥: 중국과 새로운 글로벌 히스토리(Renewal: The Chinese state and the New Global History)』를 읽어볼 것을 제안했다.

그 책의 첫 장은 천하라는 개념을 소개하고 있었고 마지막 장의 22페이지에 달하는 부록은 온전히 천하의 지적 역사를 수록하고 있었다. 그러나 그것들은 나에게 그다지 큰 인상을 주지 못하였다. 그럼에도 불구하고 왕 교수는 친절하게도 싱가포르국립대학 동아시아연구소에 있는 그의 연구실에서 나와의 만남에 응해주었고, 세계-경제의 구조에 대한 나의 단상들에 대해 토론하였다. 그는 내가 묘사하는 구조에 천하라는 개념을 적용할 수도 있다고 언급하였다. 그 말을 듣는 즉시 내 머릿속에서는 그야말로 전구가 반짝 켜졌다. 왕 교수는 나의 열정을 재깍 알아차리고는 그 즉시 나에게 천하가 중국에서는 매우 다양한 의미를 지닌다고 경고하였다. 나는 그에게 걱정하지 말라고 말하였는데, 앞으로 천하(tianxia)는 영어로 오직 하나의 의미만을 지닐 것이기 때문이다.

그날 밤 나는 『부흥』을 다시 읽었고 『아메리칸 티엔시아』를 막 탈고한 지금 다시 그 책을 읽고 있는 중이다. 내가 이 책을 왕 교수에게 헌정하는 것은 매우 겸손한 마음에서 우러나온 것이고 왕 교수가 이를 허락해 준 것에 대해 감사한다. 왕 교수가 이 책의 주장에 동의를 하든 하지 않든 그는 나의 주장에 영감을 불어넣어 주었다. 그의 도서관이 없었다면, 그의 지적 관대함이 없었다면, 그리고 무엇보다도 그의 격려가 없었다면 이 책은 결코 써지지 않았을 것이다. 이제 원고를 탈고하였으니 이 책이 헌정의 가치를 증명하기를 기대한다.

2017년 2월 28일
시드니에서
살바토르 바바우네스

1

올바른 개념, 그릇된 국가

Right concept, wrong country

느리나마 상대적인 미국의 쇠퇴에 뒤이은 중국의 부상은 금세기 초부터 글로벌연구(global studies)의 중요한 화두였다. 이러한 묘사는 정확한 것인가? 중진국의 반열에 들어서면서 중국의 성장은 주춤해졌고 미국은 여전히 중국보다 압도적으로 더 부유하고 강대하다. 설령 어느 날 중국이 그야말로 미국을 '추월'한다 할지라도, 그 추월이 의미하는 바에 따라서는 수십 년 혹은 수백 년 이내에 일어날 일은 아닐 것이다. 그러나 미국의 쇠퇴에 대한 이러한 다소 조심스러운 접근조차 인간사회에 대한 낡은 국가중심적 관점에 물들어 있다. 21세기 세계-체제는 미국에 집중되어 있지만, 미국에 모두 포함되는 것은 아니다. 다만 전 세계의 모든 개인은 이데올로기적 측면에 있어서나 그 지향성에 있어 근본적으로 미국적인 탁월성의 위계에 참여하고 있다. 사람들이 미국의 정책에 동의하든 하지 않든,

미국 대통령을 지지하든 하지 않든 심지어 미국에 입국할 자격이 있든 없든, 성공 지향적인 개인이라면 누구나 미국적 세계에 사는 것을 선택하거나 혹은 글로벌한 차원의 사회적 배제를 받아들이고 있다. 이는 전 세계 다른 모든 지역과 마찬가지로 중국에도 해당되는 일이며 아마도 다른 누구보다도 중국의 개인들에게는 더욱더 진실에 가까울지 모른다.

역사의 여명기로부터 장기 16세기까지 중국은 동아시아의 경제적, 정치적, 문화적 중심이었다. 그리고 확언컨대 중국은 세계의 가장 중요한 경제적 중심이었다. 동아시아가 여타 지역과 차별적인 점은 단 하나의 중심만이 존재하였다는 것이다. 세계의 다른 지역은 중심들끼리 치열하게 경쟁하거나 세월의 흐름에 따라 그 중심이 이동하였다. 예를 들어 인도 아(亞)대륙의 경우 전 역사에 걸쳐 단일한 지배적 중심은 존재하지 않았다. 이 지역의 어느 나라도 이 지역의 중심국가로 일관되게 인정받지 못하였으며 권력과 영향력은 이국가에서 저 국가로 이동하였다. 마찬가지로 멕시코 계곡*일대가 아즈텍족의 지배하에 들어간 것은 스페인 정복자들이 도착하기 직전

---

* 멕시코 계곡(the Valley of Mexico): 멕시코 계곡은 테오티우아칸, 톨텍, 아스테카 제국 등 콜럼버스 이전 여러 문명의 중심지였다. 아즈텍족은 12세기에 그들의 고향인 아즈틀란을 출발하여 14세기 초 멕시코 계곡에 도착한 것으로 알려져 있다. 이들은 텍스코코(Texcoco)호의 서쪽 가장자리의 작은 섬에 수도 테노치티틀란(Tenochtitlan)을 형성하였고 스페인 정복자들은 1521년 아스테카 제국의 파괴된 수도, 테노치티틀란에 멕시코시티를 건설하였다.

에서야 이루어진 것으로 보인다. 서구 문명의 중심을 추적하는 것은 더욱더 어렵다. 서구 세계의 전통적 역사는 이집트와 메소포타미아에서 시작하여, 이후 이른바 목적론적으로 정의된 '서양'의 중심은 점차 서쪽으로 이동하였다. 처음에는 그리스, 그다음은 로마, 이후 프랑스, 영국 그리고 마침내 미국으로 이동하였다. 세계의 대부분 지역에서 중심들은 흥기하고 망하고 이동하고 또다시 등장하였다. 그러나 동아시아에서는 그렇지 않았다.

동아시아, 적어도 유럽인들의 침범 이전 동아시아에서는 사정이 달랐다. 역사 시대가 시작되기 오래전부터 동아시아의 중심은 중국이었다. 오늘날의 중국은 적어도 4천 년 이전으로 거슬러 올라가는 문명의 직계 후손이고 오늘날에도 여전히 중국이 자리 잡은 그 자리에 항상 존재하고 있었다. 중국의 문자체계는 3천 년 이상 유지되어 사용되어왔으며 '오늘날에도 여전히 사용되는 독창적으로 고안된 유일한 문자체계'다(Kern, 2010: 1). 체계의 관점에서 볼 때 이보다 중요한 점은 자신들을 선사시대의 창안자와 동일한 문화(그리고 사실상 같은 인종)를 지녔다고 규정하는 이들이 동일한 지리학적 공간에서 여전히 같은 문자체계를 사용하고 있다는 점이다. 기원전 221년 진시황제(재위, 기원전 221-210)가 중국을 처음으로 정치적으로 통일하였지만, 통일 이전 적어도 천년 이전부터 이미 중국은 단일한 정치적 공간이었다. 기원전 5세기 초 공자가 정당한 방식으로 통치하는 방법에 대해 (대부분 듣기를 바라지 않았음에도) 조언하며 이 나라 저 나라를 전전할 때조차 공자는 중국을 단일한 정치체제로 이해하고 있었다. 그리고 자신의 후원자들을 이 체제의 성원으로 간주하였다.

중국의 사람과 중국의 언어는 중국을 일관되게 하나의 통합된 정치체제로 인식하고 있었고 심지어 중국이 다수의 상쟁하는 정치체로 분열된 시기에도 그러하였다. 그리고 중국인이 자신의 나라에 붙인 이름이 중국(*Zhongguo*, 中國)이다. 이 단어는 문자 그대로 '중심국가(Central State)' 또는 '중심국가들'(중국어에는 복수변화가 존재하지 않는다)로 번역된다. 또는 영어식으로 '중앙 왕국(Middle Kingdom)'을 연상시키는 방식으로 번역될 수도 있다. 차이나(China, 중국)는 진(秦, Chin, 영어에서 진시황제를 칭할 때처럼)의 영토나 한(漢, Han, 중국의 다수 종족 집단)의 영토를 의미하는 것이 아니다. 그리스-로마 세계에서 지중해가 중앙의 바다(middle sea)였던 것이 자명한 것과 마찬가지로 중국이 사실상 중앙 또는 중심국가(들)를 의미하는 것은 간명하고도 지당한 일이다. 별도의 고유명 따위는 필요치 않았다.

고대 한나라(기원전 206년- 서기 220년) 무렵 이미 중국의 지리학자들은 세계가 중국보다 훨씬 크다는 것을 잘 알고 있었다. 당연히 중국인들은 동아시아, 동남아시아 그리고 중앙아시아의 인접한 이웃 나라에 대해 알고 있었다. 서기 1세기에 이르면 로마제국에 대해서도 알게 되었으며 중국인들은 로마를 중국과 동등한 지위에 놓으면서 대진(*Daqin*, 大秦)이라 존중하여 불렀다(Yu, 1986: 379). 이 시기 중국에서 불교가 성립하는데(Demieville, 1986: 821), 이는 중국이 인도에 대해서도 얼마간 알고 있었음을 시사한다. 2세기 중국 제국은 윈난을 경유하여 인도로 가는 무역로를 개설하려 하였으나 실패했다(Yu, 1986: 458). 5세기부터는 중국의 불교도들이 남아시아와 동남아시아로 정기적인 순례를 떠났다(Wang, 1959: 2-3). 따라서 이후 중국 정치사상의 발전 과정에서 중국 학자들의 경우 아시아의 정치적 지형에 대한 최소한의 기본적인 이해는 가지고 있었다.

고전 시기 및 중세의 서양 지리학은 당시 알려진 범위에 있는 세계의 북서쪽 가장자리에 자신의 문명을 늘 위치시켰다. 이와 달리 중국의 지리학은 항상 중국을 중앙에 두었다(Callahan, 2012: 629). 중국의 전통적인 '오복설(伍服說, Five Zone)'*에 따르면 중국적 세

---

* 오복설(伍服說, Five Zone): 고대 중국의 세계관은 가운데 중국인 중화(中華) 그 주위에 이민족의 거주지인 사해(四海), 그 외부에는 미지의 공간인 대황(大荒) 또는 사황(四荒)이 배치되어 있는 동심원적 구조를 띠고 있다. 중심-주변의 지리적 관계에서 생겨난 중화관은 이후 문화적 차원의 화이관(華夷觀)으로 발전하여 중국을 문명화된 화(華)와 이민족을 야만 상태인 이(夷)로 구분하였다. 이러한 중화적 세계관은 『서경(書經)』의 '우공(禹貢)'에서 볼 수 있는데 여기에서 나타나는 소박한 중화적 세계관이 정치적·문화적 차원으로 추상화된 것이 오복설이다. 이는 '우공' 말미에 수록되어 있는데, 계층적인 지역 구분으로 국토의 이상적 형태를 표시하고 있다. 500리 단위로 지역을 구분하였는데, 중심은 왕기(王畿), 왕성의 곡식을 확보하기 위한 지역인 전복(甸服), 경대부(卿大夫)·남작(男爵)·제후(諸侯)가 관할하던 후복(侯服), 문치(文治)와 무단 정치가 공존하는 수복(綏服), 오랑캐(夷)와 가벼운 죄인이 거주하는 요복(要服), 오랑캐(蠻)와 중죄인이 거주하는 황복(荒

계는 5개의 동심원으로 구성된다. 우선 황제의 개인적 통치하에 있는 황실 영토의 영역, 다음으로는 황제의 중국인 신하 제후의 영역, 그리고 비중국인 인민이 거주하는 정복 왕국과 내부 야만인의 영역, 이상의 세 구역은 중국제국의 내부에 위치한다. 이 세 개의 문명화된 지역 외부에는 복종의 표시로 황실에 관례적 조공을 바치는 속국의 야만인, 그리고 조공을 바치지 않는 '거친(wild)' 야만인이 있었다(Yu, 1986: 379-380). 처음의 세 개 구역은 이론적으로 중국법이 적용되는 반면, 외부의 두 개 지역은 자신들의 관습에 따라 자유롭게 살 수 있었다. 이 다섯 개 지대(地帶)가 합쳐져서 중국의 천하(*tianxia*, 天下, 문자 그대로 '하늘 아래'이며 관용적으로는 '하늘 아래의 모든 것')를 구성한다.

천하라는 개념은 중국사 전체에 걸쳐 존재해 왔지만, 그것이 뜻하는 함의는 수 세기에 걸쳐 변화해왔다. 원래 문자 그대로 세계 전체를 포괄하는 데 적용되었던(Qi and Shen, 2015: 273-274) 천하라는 개념은 일찍이 '누가 문명화되었고 누가 그렇지 않은지를 결정하는 보편적 가치의 하나로 유교 사상가와 관료들이 내세운 일종의 계몽된 영역'을 표상하게 되었다(Wang, 2013: 133). 천하는 '중국과 이웃한 정치체' 모두를 포괄하는 것이었고 '중국의 왕이 직접 통치하는 (중국과) ⋯그리고 ⋯ 간접적으로 (통치하는) ⋯ 중국의 이

服)이 그것이다.

웃 지역을 포함하는 세계질서'였다(Chang, 2011: 34). 천하라는 개념에 대해 가장 영향력 있는 현존하는 중국 철학자는 이것이 세 개의 수준에서 작동한다고 설명하는데, 그것은 '(1) 하늘 아래 땅 또는 모든 영토… (2) 진정한 일반의지를 표상하는, 세상 모든 이들의 공통된 혹은 공적인 선택… 그리고 (3) 전 세계를 대상으로 한 보편적 정치체제'다(Zhao, 2012: 59).

윤리학자 자오(Zhao)가 '세계'라는 용어를 사용할 때 이는 오늘날 우리가 알고 있는 전체 세계를 의미한다. 그러나 천하의 역사적인 중국어 용법은 이 단어를 사용할 때의 알려진 세계, 즉 당시의 중국 세계에 적용되었다. 그것은 로마제국처럼 멀리 떨어진 이국적 장소로 확장될 수 있는 지리적 세계가 아니라, 중국이 중심국가(들)인 정치체제를 말한다. 역사적으로 중국의 천하는 대략 동아시아와 중앙아시아의 인접 지역을 이른다. 이 지역에서 중국은 경제적·정치적·문화적으로 월등히 우세한 나라였다(그리고 현재 다시 월등히 우세한 나라다). 공통된 중국이라는 의식이 명백히 생겨난 선사시기부터 단 한 척의 영국 선박이 중국함대 전체를 네 시간도 채 되지 않아 침몰시켰던 1841년 1월 7일 위기 이전까지(Hoe and Roebuck, 1999: 149), 중국은 동아시아 정치체제의 중심국가(들)였다. 또한 주변국의 지도자들도 중국을 중심국가로 바라보았다(Jiang, 2011: 105).

산업혁명 이전의 중국천하는 중국에 의해 지배된 '거의 폐쇄적 형태의 **국제적인** 사회경제적 체제'였다. 이때의 '중국 국가는 단어의 통상적 의미로서의 국가는 결코 아니며 차라리 **총체적**(*in toto*) 문명화 사회의 행정부에 가까운 것이다'(Mancall, 1971: 7,3, 이탤릭체는 원문). 문명화된 세계의 총체로서의 중국천하라는 의미는 16세기 해상을 통해, 17세기에는 육로를 통해 유럽인들이 도착하기 이전까지 유지되었다. 여전히 또한 어느 정도는 오늘날까지도 유지되고 있다. 중국의 고전 서사시인 『삼국지』(*The Romance of the Three Kingdoms*, 三國志)의 유명한 첫 문장이 시사하듯이, 중국이 항상 단일한 국가로 통합되어 있던 것은 아니다. 즉 '오랫동안 분열된 제국은 필시 통일될 것이고, 또한 오랫동안 통합된 제국은 반드시 분열한다.' 공자 시대에도 그러했듯이 중국은 종종 다수의 국가였다. 그 시기에 군주들은 천명(*tianming*, 天命, 문자 그대로 '하늘이 명하는 바' 또는 '하늘에게 위임받은 바')을 두고 겨루었는데, 이때 천명은 정의와 자비심에 의해 증명되는 것, 혹은 보다 현실적으로 전장에서의 성공을 통해 증명되는 자질이었다. 물론 몽골의 원나라(서기 1271-1368), 만주족의 청나라(서기 1644-1911) 시기와 같이 중국은 이민족의 통치하에 놓이기도 하였다. 그러나 몽골과 만주족이 중국을 정복하였을 때조차 이들이 자신들의 이전 영토에서 중국을 통치하지는 않았다. 그들도 천명을 받들어 중국의 황제로서, 중앙에서 자신들의 이전 고향을 통치하였다. 따라서 중국인의 통치하에 통일되었든 분열되었든 또는 이민족에 의해 통치되었든, 중국은 항상 그 세계의 중심에 자리하고 있었다.

■ 천하의 부활

세계에서 차지하는 중국의 위치를 개념화한 천하의 도덕적 차원 그리고 이를 통치할 수 있는 권리인 천명의 도덕적 차원은 대동(*datong*, 大同, '거대한 조화')이라는 유교의 전통적 개념에 깊이 뿌리를 두고 있다. 대동은 고전 유교의 오경(伍經) 중 하나인 예기(*Book of Rites*, 禮記)에 처음 등장한다. 대동은 사람들이 모든 인류를 자신의 부모와 아이처럼 돌보던 일종의 타락 이전 황금기를 표상한다(Bell, 2008: 23). 그런데 2000년대 초반 이러한 유교적 조화의 이상이 중국의 공식적 수사의 지도원리로서 마르크스주의의 계급투쟁을 대체하기 시작했다(Callahan, 2004: 574). 대동이라는 유교적 개념의 부활은 후진타오(Hu jintao) 중국 국가주석의 '조화로운 사회'라는 슬로건에 영향을 받았거나 역으로 영향을 주었다. '조화로운 사회'라는 원리의 윤곽을 선보인 2006년 중앙위원회 연설에서 후 주석은 대동이 '각자의 능력에 따라, 각자의 필요에 따라'라는 사회주의 약속의 달성으로부터 출현한다고 주장하였다(Mahoney, 2008: 115). 이는 유교적 원리에 기대어 만연한 불평등을 정당화해보려는 속이 뻔히 들여다보이는 교묘한 시도라고도 볼 수 있다.

대동의 이상(理想)은 대동과 천하 사이의 관계를 외교정책에 적용한 사례에서도 발견된다. 2005년 UN 연설에서 후 주석은 '조화로운 세계'의 교리를 국제관계에 대한 중국식 접근법으로 발전시켰다. 후 주석이 유교적 천하 개념을 직접 언급하지는 않았지만, 천하는 '훨씬 더 상위의 **거대한 조화[大同]의 사상**'(Luo, 2008: 102), 즉 전체로서의 세계에 대한 이념을 통합하는 것으로 널리 이해되었다. 달리 말해 천하는 단지 중국(*zhongguo*, 中國)이 체제의 중심국가(들)인 세계적 정치체제를 의미하는 것은 아니다. 천하는 또한 도덕적 요소를 내포한다. 왕(Wang, 2013: 133)이 말했듯이, 천하는 '우월한 도덕적 권위의 개념을 구현하는 추상적 관념'이다. 독일은 명백히 유럽의 (비유적으로 이 용어를 사용하자면) 중국(*zhongguo*, 中國)이지만, 나치 독재하에 통일된 유럽이 독일 천하였던 적은 결코 없었다.

후 주석의 조화에 대한 강조에 발맞추어 자오팅양(Zhao Tingyang)은 그의 2005년 베스트셀러 『천하체계』(중국어로만 제공, 출판 세부사항 및 서평은 **Zhang, 2010**을 참조)*에서 도덕적 기반의 조화로운 글로벌 천하의 당대(當代) 모형을 제시하였다. 그의 주장에 대한 짧은 요약본에서 그는 이러한 새로운 접근 방식을 '공통으로 합의된 제도 하의 세계, 세계를 세계성의 장소로 만드는 계획'의 창출로

---

* Zhao Tingyang의 *The Tianxia System*은 한국어로는 『천하체계』(노승현 옮김, 도서출판 길)로 2010년에 번역된 바 있으며 이를 추가 보완한 『천하: 세계와 미래에 대한 중국의 철학』(김중섭 옮김, 이음)이 2021년 출간되었다.

서 특징짓는다(Zhao, 2006: 34). 자오의 모델(후 주석의 UN 연설과 마찬가지로)에 있어 바람직한 글로벌 천하의 모습은 비위계적이며 천하의 중국일 것이라는 암시는 없다. 대신에 지리적 종별성이 전혀 없는 순수한 세계주의(globalism)가 있다.

하늘 아래 모든 것[tianxia, 天下]은 … 제도적으로 질서정연한 세계 곧 지역적 통치와 더불어 세계적 통치의 정치적 정당성을 분명히 할 수 있고, 체제의 정당화를 책임질 수 있는 세계 제도를 의미한다(Zhao, 2006: 39).

자오(Zhao)는 글로벌 천하를 명백히 후 주석의 조화에 대해 친화적 방식으로 치장하였다.

전쟁과 평화라는 개념을 넘어, '조화'는 장기적으로 상호이익에 대한 진정한 신뢰 관계의 구축과 더불어 타인의 가치를 호혜적으로 수용하는 것을 통해 갈등에 대한 합리적 해결책과 안정적인 안보를 추구한다(Zhao, 2012: 48).

벨(Bell, 2008: 26)은 자오(Zhao)의 보편적 조화의 목표가 '[위계적인] 유교의 주요 가치와 근본적으로 불일치'하지만 자오 자신은 유교 사상에 폭넓게 의존하고 있고 유교 부흥론자로 널리 평가받는다고 주장한다. 자오는 '획일적 보편주의(uniform universalism)'를 자신의 고유 브랜드인 '양립적 보편주의(compatible universalism)'로 대체함으로써 유교를 '호혜적인 수용'과 조화시킨다(Zhao, 2012: 62-63). 자오에게 있어 획일적 보편주의는 서구 세계사회론의 세계화(Meyer et al.: 1997)다. 여기서는 세계의 모든 이들이 하나의 공유된 가치체계로 수렴하는 듯이 보인다. 자오는 특히 자신이 획일적 보편주의의 개인주의라고 간주하는 것들을 폄훼한다. 반대로 자오의 양립적 보편주의는 관계적인데, 상호관용, 그리고 개인의 권리보다는 관계의 유지를 우선하는 것에 의해 좌우된다.

관계적 가치에 대한 자오(Zhao)의 강조와 개인주의에 대한 폄훼는 중국 정치학자 친야칭(Qin Yaqing, 秦亞靑)의 관계적 통치에 대한 규범적 이론과 공명한다. 친은 관계적 통치를 다음과 같이 정의한다.

(관계적 통치는) 사회적 규범과 인간의 도덕성에 대한 공통된 이해로부터 출현하는 상호 신뢰를 바탕으로 구성원들이 호혜적이고 협력적 방식으로 행동하기 위한 질서를 형성하기 위하여 공동체의 복잡한 관계를 조정하여 사회·정치적 배치를 협상해가는 과정이다(Qin, 2011: 133).

친(Qin)은 관계적 통치의 원리를 고전 유교의 변증법인 음양(陰陽) 원리로부터 도출하는데, 그는 이를 '근본적으로 조화로운 것, 따라서 이들 사이의 상호 작용은 조화를 이뤄가는 과정'이라고 파악한다(Qin 2012: 81). 자신의 관계적 통치 개념을 자오(Zhao)의 천하 접근법과 비교하면서 친(2012: 85)은 자오가 훨씬 더 야심적이라고 판단한다. 친은 국가 대 국가의 관계에 대한 관계적 틀을 제공하는데 비해 자오는 국가들이 일종의 글로벌 연방체 속으로 용해되어 가는 것을 암묵적으로 옹호한다. 표면적으로는 인간 세계를 운영해야 하는 방식에 대해 자오와 친이 경쟁적 청사진을 제공하는 것처럼 보인다. 그럼에도 불구하고 그들은 고전적 유교의 기반을 공유하며(자오의 경우 『예기(禮記)』, 친의 경우에는 『주역(周易)』), 관계성에 대한 강조, 그리고 (놀랍게도) 후진타오의 '조화로운 세계'와의 친화성을 공유한다. 양자는 (소위) 가족에 대한 중국적 강조와 (소위) 개인에 대한 서구의 강조를 대비하며 가족적 은유에 의존한다. 이들은 세계를 행복한 대가족으로 파악하는 후 주석의 관점을 공유한다. 이는 모든 가족 또는 적어도 모든 유교적 가족은 행복하거나 최소한 화목하다고 가정한다.

자오(Zhao, 2009;2012)는 공자가 살았던 정치체제인 중국의 전설적 왕조 주나라(기원전 1046년–256년)하의 국가 간(또는 봉건 영지 간) 관계에 대한 분석으로부터 자신의 개념적 모델을 다소 환상적 방식으로 근거 짓는다. 따라서 그의 실증적 주장은 적당한 선에서 받아들여야 할 것이다. 친(Qin)은 보다 실용적이지만 마찬가지로 환상적이다. 그는 오늘날의 동아시아를 공통된 유교적 가치에 기반을 둔 관계적 통치의 성공적 사례로서 묘사한다. 친은 '이 지역에서 지역적 수준의 협력과 통치는 상당 부분 사실이다'라고 주장하는데, '중국이 지금까지 거의 모든 주요 참여자, 민족국가, 그리고 지역적 수준의 행위자를 포괄하는 40개 이상의 다양한 종류의 *파트너십*을 구축했다'라는 점을, 이러한 주장을 뒷받침하는 사례로 들고 있다(Qin, 2011: 144). 그는 동아시아의 친밀한 가족적 분위기와 유럽연합의 개인주의적이고 규칙 기반의 환경을 대조한다. 이는 주나라에서 얻은 교훈보다도 더 신빙성이 떨어지는 것일지 모른다.

흥미롭게도 자오(Zho)와 친(Qin) 중 어느 누구도 관계적 통치나 양립적 보편주의를 설명할 때 중국사에서의 명백한 실증적 사례, 즉 문서화된 증거가 잘 보존된 명나라(AD 1368-1644)*의 사례를 활용하지는 않는다. 명나라는 국가 내부 및 국제관계를 구조화함에 있어 의식적으로 천하원리를 채택하였기 때문에 자오에게 명나라는 명백한 사례가 되었어야만 했다. 친 또한 마찬가지인데 명나라는 자신과 위험한 '거친 야생의' 즉 외부의 야만인과의 관계를 명백히 음(陰, 야만인의 어두운 무지)과 양(陽, 중국의 문명적 빛)의 긴장이라는 측면에서 파악하였기 때문이다(Jiang, 2011: 103-107). 초기 명나라는 수사적 측면뿐 아니라 그 실질에 있어서도 상당 부분 확고하

---

* 명나라(Ming Dynasty): 저자는 본문에서 Ming Dynasty, Ming *tianxia*, Ming China 등을 구별하여 사용하고 있다. Ming Dynasty의 경우 저자가 중국의 천하질서를 오복설에 비추어 설명하고 이를 아메리칸 티엔시아에 적용하고 있기에 명황조(왕조)로 번역하는 것이 타당하나 관례에 따라 명나라로 옮긴다. 그리고 Ming *tianxia*, Ming China는 각각 명천하(明天下), *Ming* China 명(明) 중국 또는 명의 중국으로 번역하였다. 청나라, 한나라 등도 동일하다.

게 유교적이었다. 명 태조(홍무제, 재위 1368-1398)의 첫 번째 칙령 중 하나가 유교 고전을 가르치기 위해 국가 재정으로 뒷받침되는 국립학교 네트워크를 구축하는 것이었다(Hucker, 1998: 31).

대명률(Great Ming Code, 大明律)*에 구체화된 명나라의 유교는 그 적용에 있어 보편적이었지만 획일적이지는 않았다(중국인이 아닌 이민족이 중국의 관습을 따를 것이라 기대하지 않았다). 그리고 명천하(明天下)에서 주변국과의 대부분의 분쟁은 협상을 통한 관계적 관점에서 해소되었다. 즉위한 직후 홍무제(the Hongwu Emperor, 洪武帝)**는 중국의 주요 속국 통치자에게 사절을 보내 이전 한 세기 이상 노골적으로 위협적이었던 몽골 원나라의 질서에서 벗어나 상징적 인정에 기반을 둔 전통적 의례로 복귀하고자 하는 그의 의도를 강조하였다(Wang, 1998: 303). 적어도 중국의 가장

---

*　대명률(Great Ming Code, 大明律): 대명률은 1397년에 반포되어 명·청 시대 약 500년에 걸쳐 형률(刑律)의 근본이 된 중국 명나라의 형법전(刑法典)을 지칭한다. 대명률은 총 30권으로 구성되었는데 당나라의 법률을 참고하여 편찬되었고, 명례율·이율·호율·예율·병률·형률·공률의 일곱 편으로 이루어졌다. 조선의 ≪경국대전≫ 및 ≪경제육전≫의 제정에 많은 영향을 주었다. 또한 일본, 안남(安南, 베트남)의 법률에도 영향을 끼쳤다.

**　홍무제(the Hongwu Emperor, 洪武帝): 중국 명나라 제1대 황제인 주원장(1328-1398년)을 연호로 부르는 제호(帝號), 묘호(廟號)는 태조(太祖). 주원장은 20대 초반 홍건적의 난에 참여하여 이후 독자적으로 세력을 키워 원나라 강남의 거점인 남경을 점령하였다. 1366년 스스로 오왕이라 칭하고 각지의 군웅을 굴복시킨 후 1368년 스스로 황제에 올라 대명을 건국하였다.

가까운 이웃이자 조공국이었던 조선왕실은 홍무제의 유교적 전통의 재개를 명백히 호의적으로 받아들였다(Zhang, 2015a: 51). 홍무제는 자신의 통치 기간 내내 제국을 확장하기보다는 공고히 하는 것에 주력하였으며 이러한 노선에 따라 그의 후계자들에게 다음과 같이 조언했다.

바다 너머 나라들은 … 산과 바다로 인해 우리와 떨어져 멀리 변방에 있다. [...] 그들이 우리의 국경을 침범할 정도로 비현실적 판단을 한다면, 이는 그들에게 불행한 일이 될 것이다. 만일 그들이 우리에게 아무런 문제도 일으키지 않는데 우리가 먼저 그들과 싸우기 위해 불필요하게 군대를 이동한다면 이는 우리에게 불행한 일이다. 미래 세대가 중국의 부와 권력을 남용하고 순간의 군사적 영광을 탐내 까닭 없이 군대를 전장에 파병해 인명 손실을 야기하지는 않을까 우려된다. 이러한 일은 금지되어 있다는 사실을 다시 한번 분명히 되새기기를 당부한다(Wang, 1998: 311-312).

중국적 관계이론과 명나라의 국제관계 사이에 명백한 연관성을 끌어내는 저자로는 장평(Feng Zhang)이 있다. 책 한 권 분량에 달하는 논의에서 장(Zhang, 2015a)은 한국, 일본, 몽골 등에 대한 명나라의 초기 대외관계를 대상으로 관계이론의 적실성을 확인하는데, 자오(Zhao)와 친(Qin) 양자 모두 자신의 연구에 영감을 주었다고 명시적으로 밝힌다. 유교적 국제관계의 가족적 외장을 벗겨내고, 장(Zhang, 2015a: 26-27)은 관계 전략 이면의 동기를 도구적(현실주의적) 합리성과 표현적(공동체주의적) 합리성으로 구분한다. 그는 명대(1368-1424) 초기 동안 도구적 접근법이 해당 시기의 79%로 지배적이었고 나머지 21%는 표현적 접근법이었다는 것을 밝혔다 (Zhang, 2015a: 177). 그런데 장의 표현적 사례의 3분의 2가량은 그가 '표현적 위계'라고 부른 것, 즉 '소(小)가 대(大)를 섬기는 것(사대주의, 事大主義)의 적절성'(Zhang, 2015a: 160)을 강조하는 유교적 결속의 한 유형으로 특징지어진다.

분명히 2010년 중국 외교부장 양제츠(Yang Jiechi)가 싱가포르 장관에게 '중국은 큰 나라이고 다른 나라들은 작은 나라이며, 이것은 정확한 사실이다'라는 악명 높은 발언을 하였을 때 이는 이러한 인식을 배경으로 한 발언이다. 후(Hu), 자오(Zaho), 그리고 친(Qin)이 명나라의 사례를 비켜 가는 것은 놀라운 일이 아니다.

■ 위계와 평화

비록 장(Zhang, 2015a: 181-183)이 관계주의가 잠재적으로 천하의 위계적 경향을 제거할 수 있다고 주장하면서 이를 대수롭지 않은 듯 여기지만, 명나라 천하가 중국의 21세기 유교주의자가 좋아할 만큼 조화로운 것은 아니었을 수도 있다. 그럼에도 불구하고 명나라 천하는 상대적으로 평화로웠던 것으로 보인다. 이는 특히 유럽의 비슷한 시기, 그리고 무굴 이전의 인도나 콜럼버스 이전의 멕시코와 비교할 때 확실히 그러하다. 캉(Kang, 2010)은 명나라 통치 3세기 동안 명의 조공체계에 포함된 국가 사이에는 단지 4차례의 주요한 국제전이 있었을 뿐이라고 지적한다. 이 중 마지막 전쟁은 체계의 종식을 가져왔다는 점을 고려하면 이를 명나라 시기의 국제전에 포함하기는 어렵다. 캉은 수많은 하위 갈등을 별도로 분류함으로써 체계의 평온함을 확실히 과장하는 측면이 있다(Purdue, 2015: 1005, 1008). 그럼에도 불구하고 그의 주장에 취할 점이 없는 것은 아니다. 한 세기에 단 한 번꼴로 대규모 전쟁이 발생했다는 점은 분명 부러워할 만한 기록이지만 수많은 소규모 전쟁은 매년 끊임없이 치러졌을 가능성이 있다. 그런데 주요 강대국에 의한 이러한 평화의 기록이 명나라 천하의 관계주의에 기인하는 것일까 아니면 그 위계에 따른 것일까?

우리 자신의 시대가 끝없는 전쟁의 시기처럼 보일지도 모르겠지만 한걸음 물러나 데이터를 살펴보면 사실 놀라울 정도로 평화롭다. 핑커(Pinker, 2011)와 모리스(Morris, 2014)는, 문자 그대로의 의미에서, 인류의 전 역사에 걸쳐 무장 충돌이 사상 최저라고 주장한다. 더욱 놀라운 일은 1945년이래 전 세계 국가 사이에 국제적으로 인정되는 주요한 변화가 전쟁으로 인해 일어난 사례는 단 한 차례도 없었다는 것이다. 20세기 중반 탈식민화 과정에서 많은 내부적 경계가 국경이 되었으며 이러한 과정이 1990년대 초반 소련, 유고슬라비아, 체코슬로바키아의 해체와 더불어 반복되었다. 때때로 이러한 해체 과정은 인도와 유고슬라비아의 분할에서 보듯이 끔찍한 폭력으로 점철되었으며 몇몇 이전 포르투갈 식민지들(고아, 동·티모르)은 포스트식민국가에 의해 폭력적으로 점령되었다. 많은 국가가 또한 내전을 경험했으며 경험하고 있다. 그러나 이전 인류 정치사 3000년의 모델에 비추어 본다면 국가 간의 노골적 전쟁은 매우 드물었으며 설령 전쟁이 일어났을 경우에도 가장 일반적인 결과는 전쟁 이전의 국경으로 회귀하는 것이었다. 정복의 권리는 과거의 일인 것처럼 보인다.

일반적인 규칙을 증명하는 제한된 예외들이 있는데, 가장 두드러진 예는 1967년 이스라엘의 동예루살렘 병합과 2014년 러시아의 크림반도 병합이다. 이러한 병합 중 어느 것도 국제적으로 널리 인정받지 못했다. 이는 불법적이고 사실상의 병합이 또한 드문 일이어서 그렇다기보다는 국제관계에서의 신제도주의의 영향 때문이라고 할 수 있다. 동예루살렘과 크림반도는 예외이지 규칙은 아니다. 이제 한 나라가 다른 나라를 침공하지 않는 것이 규칙처럼 되어 있으며, 한정된 목표를 가지고 다른 나라를 침공하였을 경우 목표가 달성되면 전쟁 이전의 국경으로 철수한다. 러시아와 주변국 사이의 동결된 갈등에서 드러나는 것처럼 때대로 국가들이 결말을 열어둔 채 불확실한 상태를 유지하는 경우도 있다. 그러나 *왔노라, 보았노라, 이겼노라*는 과거지사로 여겨진다. 미국을 포함한 서구 선진국에서는 인접 영토를 정복하기 위해 군사력을 동원하겠다는 모든 아이디어는 미친 짓으로 간주된다.

이것이 미국이 군사력을 사용한다는 사실을 부인하는 것은 아니다. 미국이 군사력을 자주 사용하긴 하지만 종래의 베스트팔렌 방식으로 사용하지는 않는다. 국제관계학자들은 봉건제에서 근대적 주권국가 체제로의 이행을 나타내는 이정표로서 중부유럽의 30년 전쟁을 종식시킨 베스트팔렌 평화조약을 인용한다. 베스트팔렌 조약 자체가 주권에 대해 언급하거나 국제관계를 위한 규칙을 제시하지는 않았지만, 우리가 오늘날 주권국가의 베스트팔렌체제라고 일컫는 체제는 베스트팔렌평화조약 이후 유럽국가 간 관계의 규범과 관행으로부터 출현하였다(Croxton, 1999). 예를 들어 상주대사관에 고용된 주재 대사의 체계적 교류가 이 시기에 시작되었다(Wheaton, 1936: 167). 1648년경 유럽에서 탄생한 근대적 국가간 체계 각 국가는 영토를 획득하기 위해 군사력을 일상적으로 활용하였다. 이는 자신의 변경을 확장하거나 자국 시민의 정주식민지를 구축하기 위해서 또는 (식민지) 외국인에게 착취적 식민통치를 부과하기 위해서였다. 그러나 더 이상 그러한 일은 벌어지지 않는다.

미국이 세계에서 가장 강력한 국가가 되자마자 영토확보를 위한 군사력 사용을 중단한 것은 아이러니한 일이다. 미국은 19세기 내내 반복적인 무력사용을 통해 북미를 가로질러 태평양으로 국경을 확장하였고 1890년대 하와이에 정주식민지를 건설하였다. 그리고 마침내 1898년에는 미서(美西)전쟁을 통해 최초의 식민지를 차지하였다. 그리고는 멈추어 섰다. 제1차 세계대전이 종전된 후 열린 파리강화회의에서 미국은 아마도 영토확장(또는 보전)을 주장하지 않은 유일한 나라였을 것이다. 베르사유조약은 파시즘의 발흥과 제2차 세계대전의 발발을 막지 못했기 때문에 종종 실패한 것으로 묘사된다. 그러나 불과 10년 전만 해도 미국이 유럽의 강국으로 거의 인식되지 않았다는 점을 고려한다면, 아마도 미국의 실질적인 외교적 성과로 재평가되어야 할 것이다.

제1차 세계대전의 역사적 기억은 제2차 세계대전의 비극과 승리에 너무나 가려졌기에 당시 미국이 얼마나 지배적이었는가를 지금 기억해내는 일은 어렵다. 〈그림 1.1〉은 널리 활용되는 앵거스 매디슨(Angus Maddison) 계량경제데이터베이스의 1인당 국내총생산과 인구 추정치를 사용하여(Bolt and van Zanden, 2014) 20세기 전반기 가장 강력한 나라 중 5개국의 GDP를 계산한 것이다. 1919년 베르사유조약 체결 당시 미국의 GDP는 영국, 독일, 러시아, 일본을 합친 것과 대등하였다. 영국과 프랑스 제국의 방대한 물리적 규모에도 불구하고 동시대인들은 미국이 세계적 문제 특히 재정적 문제에 있어 주요한 영향력을 행사하고 있다는 점을 잘 인식하고 있었다. 이에 대해 미국의 역사학자 찰스 비어드(Charles Beard)는 흥미진진하지만 안타깝게도 출처를 확인할 수 없는 일화를 통해 '어떤 열정적인 프랑스 경제학자'의 말을 들려준다.

한 가지 사실이 다른 모든 것을 압도한다. 그것은 미국의 세계 헤게모니로의 부상이다. 로버트 세실 경(Lord Robert Cecil, 국제연맹의 설계자)은 세계대전 후 미국의 지위를 나폴레옹전쟁 이후의 대영제국과 비교했다. 그러한 비교는 그다지 정확하지 않다. 왜냐하면 영국 헤게모니는 본질적으로 유럽적인 반면 오늘날 미국의 헤게모니는 전 세계적인 것이기 때문이다(Beard, 1922: 243-244).

이것은 단순히 미국인의 허세가 아니다. 영국의 철학자 러셀 부처(Bertrand and Dora Russel)도 이에 동의했다. 미국과 영국 관계의 미래에 대해 이들은 다음과 같이 판단했다.

두 가지 사태 중 하나는 반드시 일어난다. 대영제국이 2등 국가의 지위를 차지하는 동맹의 형성 또는 대영제국이 해체되는 전쟁이다. 동맹은 우리가 진정으로 우리 자신의 제국주의의 진척을 포기하고 미국의 발전에 대한 모든 반대를 포기할 때만 가능할 것이다. 만약 이러한 일이 일어난다면 영어사용권은 세계를 매우 광범위하게 통제할 수 있으며, 동맹이 존재하는 한 1급 전쟁은 방지할 수 있을 것이다.

러셀부처가 제기한 영미동맹은 당시에는 이루어지지 않았고 그 결과 몇 차례의 '1급 전쟁'이 더 발발하였으며 제2차 세계대전으로 정점에 달했다. 심지어 제2차 세계대전 이후에도 영국은 '자국 제국주의의 모든 진척을 진심으로 포기'하지 않았으며 1956년 수에즈

위기* 이전까지는 미국과 '특별한 관계'를 유지해야 한다는 의무에 자신의 외교정책을 종속시키지도 않았다. 반세기가 지난 지금 영국과 이전 대영제국의 앵글로색슨 영토(캐나다, 호주, 그리고 뉴질랜드)는 유달리 미국의 권력 구조, 특히 군사적 측면에 잘 통합되어 있다(Babones, 2015a: 59). 레이건-대처 동맹은 소비에트 연방의 몰락을 촉발한 공로를 인정받았고(O'Sullivan, 2006), 과장이든 아니든 반세기 전 앵글로색슨 동맹체제가 공고해진 이후 '1급 전쟁들'이 없

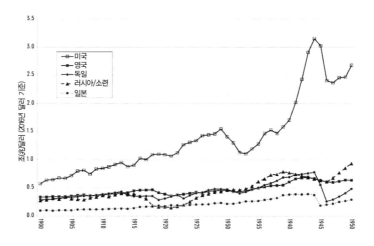

그림 1.1. 1900-1950년까지 여타 국가와 미국과의 GDP 비교(2016년 달러 기준)

---

* 1952년 7월 이집트에서 혁명이 발발, 왕정이 무너지고 공화제가 실시되었으며 1956년 초대 대통령이 된 나세르는 수에즈운하의 국유화를 단행하면서 생긴 국가 간 갈등. 수에즈 위기는 제2차 중동전쟁으로 이어졌다.

었다는 점은 명백한 사실이다.

■ 아메리칸 티엔시아를 향하여

20세기 초 미국과 마찬가지로 20세기 중반 이후 영국은 외국인에게 통치를 강제하기 위한 무력사용을 중단하였다. 나머지 세계의 대부분도 그 뒤를 따랐다. 1954년 프랑스가 베트남에서 철수하였을 때 미국이 식민 지배권을 넘겨받지 않았다는 것은 확실히 매우 흥미로운 일이다. 베트남에 대한 미국의 개입이 아무리 오도되었다고 하더라도, 그것은 다른 토착세력에 대해 또 다른 토착 정권을 지지하기 위한 전쟁이었지 미국 체제를 강요하기 위한 전쟁은 아니었다. 이는 1900년 이래 미국 권력 사용의 전형적 방식이자 절대적 특징이다. 다시 말해 미국은 국가 내 통치 방식에 영향을 주기 위하여 군사력을 활용하는 것이지 국가의 경계를 변경하기 위해 사용하지는 않는다. 미국의 글로벌질서는 국가들의 국경에 대해서는 현상을 유지하지만, 내정과 관련해서는 개입주의적인 질서다. 이는 국제관계에 대한 급진적인 포스트-베스트팔렌 접근법이다(Babones, 2017a).

근대 베스트팔렌 주권의 결정적인 원칙은 각국의 내정에 대한 불간섭이었고(Krasner, 1999), 이는 여전히 중국·러시아의 지도자와 지식인들이 강력하게 주장하는 바다. 결코 절대적인 것은 아닌 이 원칙은 이제는 확실히 작동하지 않는다. 전후 기간 동안 미국과 소련은 그들의 동맹국과 준동맹국의 내정에 간섭할 권리를 반복적으로 주장하였는데, 이는 사실상 다른 국가의 국경 내에서 영향력을 확보하기 위한 세계적인 대리전을 수행하기 위함이었다. 1991년 소련이 해체된 이래 미국은 세계적 규모로 다른 나라의 내정을 지시하는 유일하게 진지한 세력이 되었다. 러시아도 그런 방식으로 행동하려 하지만 제한적으로 성공할 뿐이며 그 또한 주로 구소련의 경계 내에서 행해진다. 1991년 이래 러시아의 유일한 주요 '역외' 작전은 시리아 내전 개입이었는데 시리아조차 러시아가 여전히 소련 시절의 군사기지를 소유한 나라다. 반면 미국은 적어도 70여 개국의 영구적인 군사 시설을 포함하여 모든 대륙에서 민간 및 군사적 측면에서 깊은 관계를 맺고 있다(Vine, 2015: 3-4).

장(Zhang, 2015a)의 범주를 활용한다면 이러한 미국의 관계는 몇몇 파트너에게는 도구적이며, 다른 이들에게는 표현적이다. 억압적이며 신정통치적 성격을 지닌 석유군주국가 사우디아라비아와 미국의 깊은 관계는 확실히 도구적이다. 그러나 미국과 앵글로색슨 동맹 4개국의 관계는 동일하게 명확히 표현적이다. NATO 동맹국뿐아니라 서방 전체에 대해서도 마찬가지다. 스웨덴과 스위스와 같은 나라들은 NATO 회원국은 아니지만 이들 국가와 사회가 러시아나 중국이 아닌 미국의 국가와 사회와 확고하게 일치한다는 것을 부인할 사람은 아무도 없다. 심지어 우리는 서구 전체가 장(Zhang, 2015a: 181)이 '윤리적 관계주의'라고 부르는 체계에 의해 결속되어 있다고도 말해볼 수 있다. 이 체계는 '배타적인 자기-이익이 아닌 지속가능하고 장기적인 윤리적 관계가 가장 적절한 목적'이다. 이러한 해석에 있어 한 가지 유의사항은 서구 대부분의 일대일 관계는 전적으로 윤리적(예를 들어, 캐나다와 독일의 연대) 관계로 특징지을 수 있지만, 서구의 개별 국가와 미국 사이의 관계는 위계적임을 피할 수 없다. 콩(Khong, 2013: 17)이 국가들의 주권 평등의 원칙과 관련하여 언급했던 것처럼, '미국과 동등하게 대우받을 수 있다고 여기는 나라는 거의 없다.'

20세기 중반 이후 내정불간섭이라는 베스트팔렌 원칙의 약화와 짝을 이룬 국가 간 경계의 현저한 안정성은 어떤 강력한 지배적인 힘이 오늘날 세계-체제를* 질서 짓고 안정화시키고 있음을 시사한다. 미국만이 이처럼 막강한 지배력을 보유하고 있으며 이를 자주 사용한다는 것을 알아차렸을 때 모든 의문은 해소된다. 마치 중국이 항상 동아시아의 중심국가였던 것처럼 미국은 오늘날 세계의 중심국가이다. 그렇다고 해서 미국이 세계 모든 국가의 행동을 지시한다는 것

---

* 오늘날 세계-체제(contemporary world-system): 역자는 modern world-system의 경우 근대 세계-체제로 기존 학계의 용어를 사용하였으며, modern의 경우도 대부분 근대로 통일하였다. contemporary world-system의 경우 간명하게 현대 세계-체제로 번역할수도 있으나 본서가 세계-체제(또는 천하)의 역사적 형태를 다루는 점을 감안할 때 현대 세계-체제라는 표현이 근대 세계-체제와 또 다른 세계-체제를 의미하는 것으로 오해될 수도 있어 contemporary의 경우 오늘날, 당대(當代), 동시대 등으로 문맥에 따라 번역하였다. 기타 contemporary가 사용된 예(contemporayr china, contempoary U.S. 등)도 동일하게 번역하였다.

은 아니다. 다만 이는 세계의 대부분 나라가 수사적으로나 실질적 행동에 있어 모두 미국의 세계적 지도력에 동의함을 의미한다(Khong, 2013: 37-39). 콩(Khong, 2013)은 명나라의 조공체제*와 명시적으로

---

* 조공체제(tributary system): 조공(朝貢)은 주(周)나라의 봉건 지배 체제에서 제후가 왕을 뵙고 예물을 바치는 의식에서 시작되었다. 주나라는 국왕이 직할지를 다스리고, 나머지 지역은 공신이나 왕의 친인척 등에게 분봉(分封)하여 각각 다스리게 하였다. 각 지역을 다스리는 제후들은 특정 시기에 각 지방의 특산품을 가지고 왕을 찾아와 인사하였는데, 이 의식을 조공이라고 하였다. 제후가 왕을 찾아뵙는 정치적 의식을 조근(朝覲), 공물을 바치는 경제적 행위를 입공(入貢)이라 하였으니, 조공(朝貢)은 정치적 경제적 행위가 합쳐진 용어다. 그 뒤 한(漢)나라 시기 천하관(天下觀)이 확대되면서 황제가 다스리는 천하(天下) 범위도 중국 국내를 넘어 외국과의 관계로 확장되었다. 조공은 시기에 따라 변천을 거치며, 중국이 주변국과의 관계를 맺는 방식으로 자리 잡게 되었다. 조공 개념은 1940~1960년대 미국의 페어뱅크(John K. Fairbank)를 필두로 한 소위 하버드학파로 불리는 학자들이 연구하면서 주목받았다. 페어뱅크의 관심은 '근대'에 있었기 때문에, 주로 청대(淸代) 동아시아 국제 질서를 관찰하여 '중국적 세계 질서(Chinese World Order)'와 '조공체제(tributary system)'라는 이론을 도출하였고, 이를 이전 시기로 확대 적용하였다. 페어뱅크는 "조공체제(Tributarysystem)는 세계를 문명(華)과 야만(夷)으로 구분하는 고대 중국인들의 문화적 우월주의에 기반하며, 전근대 동아시아의 유일한 국제질서"라고 규정하였다. 이 중국적 질서는 19세기 서양 세력의 진입(아편전쟁)으로 붕괴되고, 아시아는 드디어 만국 공법에 기초한 서양식 조약체제(Treaty system)로 편입되었다고 설명하였다(한국민족문화대백과, 한국학중앙연구원). 여기서 저자는 아메리칸 티엔시아의 국제질서를 조공체제로 파악하고 있는데 이것이 제후에 대한 '책봉'과 그에 대한 답례로서 '조공'을 핵심으로 하는 엄밀한 의미의 조공체제를 의미하지는 않는다. 오히려 문명과 야만(또는 5개의 지대)을 구분하는 위계적 세계질서하의 중심과 주변의 교환관계를 지칭하기 위해, 그리고 베스트팔렌 이후 수립된 국제질서가 더 이상 유의미하지 않다는 의미에서 조공체제라는 용어를 사용한 것으로 보인다. 오늘날 국제질서에 대한 유비(類比)로서 조공체제의 무리한 확장은 결국 아메리칸 티엔시아가 자본주의가 아닌 명천하(明天下)와 유사한 봉건제 생산

비교하여 이를 '미국 조공체제'라고 칭하는데, 보다 나은 용어는 '아메리칸 티엔시아(American Tianxia)'일 것이다. 저명한 역사학자 왕경우(Wang Gungwu)는 다음과 같이 제안한 첫 번째 인물이다.

> 오늘날⋯미국의 천하(*tianxia*)는 세계적으로 강력한 존재감을 과시한다. 여기에는 필적할 수 없는 군사력과 정치적 영향력에 의해 뒷받침되는 종교적 열정의 동기가 자리 잡고 있다. 중국적 개념과 비교해보면 (미국의 천하는) 수동적이거나 방어적이지 않다. 오히려 여타 보편적 이상과는 달리 확장할 수 있는 더 큰 능력에 의해 뒷받침된다(Wang, 2013: 135).

아메리칸 티엔시아는 단순히 확대된 중국모델에 기반을 둔 조공체제가 아니다. 왕(Wang)이 시사하듯이 그것은 새로운 형태의 천하다. 아메리칸 티엔시아는 사실상 인간이 노력하는 모든 분야에서 탁월성을 가려내는 체제이자 궁극적으로는 문명 자체를 정의하기 위한 새로운 윤리체제다. 콩(Khong, 2013)은 당대(當代) 미국의 국제 관계를 중국의 명나라와 비교할 때 아메리칸 티엔시아의 단 한 가지 측면인 국가 대 국가의 관계에만 초점을 맞춘다. 그러나 당대(當代) 세계-체제에서 모든 종류의 탁월성의 위계는 미국에서 최고봉을 발견하게 된다. 각 분야의 정상은 뉴욕(미디어, 금융, 예술, 패션, 출판, 자선활동 등), 보스턴(교육), 실리콘밸리(정보기술), 할리우드

양식인가라는 질문에 이를 수 있다.

(영화), 심지어 볼티모어(의료)에 위치할 수 있다. 그러나 이 모든 것이 의미하는 바는 미국적인 탁월성의 위계와 세계적 탁월성의 위계가 합쳐진다는 사실이다. 비즈니스보다 더 명확한 분야는 없다. 대략 25개의 전 세계 산업 분야에서 미국 기업은 18개 부문에서 가장 높은 이익 분배율(profit share)을 달성하였다(Starrs, 2013: 822-823). 비슷한 규모의 국내 시장에도 불구하고 중국 기업은 은행(중국에서는 완전히 국유기업), 건설(결코 놀라운 일은 아니다)의 두 가지 부문에서 선두를 달릴 뿐이며, 홍콩은 부동산 개발 분야에서 1위를 차지하고 있다. 여러 분야들에서 세계에서의 성공은 미국에서의 성공을 의미하고 그 반대도 마찬가지다.

특정 분야에 있어 뛰어난 무수한 센터가 전 세계에 산재해 있지만, 스포츠를 제외한 거의 모든 분야에서 정상에 있는 것은 미국 기관들이다. 최고의 조직이 실제로는 미국에 있지 않거나 미국 시민이 근무하지 않더라도 미국의 조직 모형에 강하게 영향을 받고 있으며 미국 관리기관의 인증을 받고, 미국 소프트웨어를 사용하고, 영어로 비즈니스를 수행한다. 이는 세계 무대에서 성공하려는 야망이 있는 모든 비미국적 조직과 개인에게 있어서는 큰 핸디캡이다. 핸디캡의 정도는 조직 또는 개인이 가지는 미국과의 문화적, 정치적 거리에 정비례한다. 영어를 사용하는 캐나다인은 미국적·세계적 탁월성의 위계에 참여하기 위해 적은 비용을 치른다. 이탈리아인은 다소 조금 더, 러시아인은 훨씬 더, 그리고 중국인은 가장 많은 비용을 지불한다. 그리고 미국의 개인, 조직, 제도가 그 보상을 거두어간다.

아메리칸 티엔시아는 본질적으로 등급제에 기반을 둔 글로벌 클럽이다. 여기에 가입하기 위해서는 먼저 문명에 적합한 방식으로 행동해야 한다. 그리고 가입된 이후 클럽을 다니기 위해서는 회비를 내야만 한다. 대안적 클럽을 만들자는 제안은 넘쳐난다. 그러나 미국 클럽에 가입하는 네트워크의 외부효과가 너무나 크기 때문에 미국 대신에 훨씬 저렴한 회비를 받는 러시아 또는 중국 클럽에 가입하는 사람은 거의 없다. 심지어 많은 러시아와 중국 엘리트들조차 자국 클럽의 회원이 되는 것보다 미국에서의 회원자격을 더 선호한다. 물론 미국인들은 자신의 클럽뿐만 아니라 대다수 다른 곳에서도 무료로 가입한다. 더 나아가 그들은 종종 가입하는 대가로 돈을 받기도 한다. 미국이 해외에서 외국인 직접투자를 통해 얻는 수익이 미국에 대한 외국인의 투자 수익보다 훨씬 많다는 것은 널리 알려져 있다 (Curcuru et al., 2013). 유사한 '과도한 특권'(측정하기는 쉽지 않지만)이 여타 분야에도 광범위하게 퍼져 있다. 간단히 말해 아메리칸 티엔시아에 사는 미국인은 다른 모든 사람들처럼 열심히 일할 필요가 없다. 피리 부는 사람에게 대가를 치르면 피리 부는 사람은 그들 (미국인)에게 보상을 준다.[*]

---

[*] 전 세계 사람들이 자발적으로 아메리칸 티엔시아에 참여하여 대가를 지불하면 아메리칸 티엔시아는 알아서 그 보상을 미국인에게 준다는 의미임.

2

하나의 주인, 하나의 주재자

One master, one sovereign

미국 경제의 지속적인 회복력은 국제 경제의 큰 미스터리 중 하나다. 1985년에서 2015년에 걸쳐 미국은 GDP의 평균 2.0%에 달하는 경상수지 적자를 수십 년째 기록하고 있다(World Bank, 2016). 통상적인 국가에 있어 이러한 수치는 임박한 경제적 재앙의 신호일 것이다. 이 미스터리를 더 복잡하게 만드는 것은 미국의 순(純) 국제투자가 엄청난 마이너스라는 점이다. 외국인은 미국 기업이 해외에 보유한 자산보다 몇 조나 더 많은 미국 내 자산을 소유하고 있다(Curcuru et al., 2013: 2). 대규모 무역적자 그리고 미국이 팔려나가는 것에 대해 경각심을 일깨우는 머리기사들은 엄밀히 말하면 옳다. 그러나 미국은 여전히 경제 대국들 중 1인당 GDP가 단연코 높은 수준을 유지하고 있으며 미국 경제는 일정한 비율로 계속해서 성장하고 있다. 그리고 투자자들에게 있어 미국 경제의 임박한 붕괴를 예상할 만한 어떤 징후도 없다(Babones, 2017b). 장기적인 위험 예상의 표준적 지표인 30년 만기 미 국채 수익률은 지난 30년간 꾸준히 하락세를 보여주고 있다(FRED, 2017).

미국 경제를 특징짓는 겉보기에 심각한 구조적 적자는 현대적 형태의 공물이라고 특징지을 수 있는 일련의 경제적 지대에 의해 균형을 이룬다. 이러한 지대의 상당수는 세계 금융시스템에 있어 미국 달러의 중심적 지위와 직접 연관되어 있다. 달러 지대에 관한 주요 문헌 검토를 통해 매콜리(McCauley, 2015)는 이러한 지대가 (1) 미국이 자국 통화로 차입한다는 사실 (2) 물리적 미국 통화의 외국인 보유 (3) 준비통화로서 달러 사용 (4) 미국에 대한 외국인 투자 대비 미국의 해외투자로부터 벌어들이는 초과 수익 (5) 전 세계 금융에서 미국 은행이 누리는 우위 등에서 비롯되는 것이라고 요약한다.

매콜리(McCauley)는 이 모든 지대의 존재를 인정하지만 그 총가치에 대해서는 회의적이다. 아마도 그가 놓치고 있는 것, 그리고 어떤 직접적인 계량 경제적 분석도 측정할 수 없는 것은 아마도 이러한 이점들을 모두 결합했을 때 발생하는 양(陽)의 외부효과일 것이다. 외부효과는 다른 목적을 위해 취한 조치들로부터 발생하는 파급효과를 일컫는다. 외부효과는 의도하지 않은 결과의 한 형태다. 그리고 아메리칸 티엔시아는 양(陽)의 외부효과 덕분에 번창한다. 예를 들어 미국의 주요 투자은행이 아시아의 증권인수 사업에서 불균형적인 지분을 획득함에 있어 달러 지대를 발판삼아 영향력을 행사할까? 미국의 경영 컨설팅 및 홍보회사들은 은행 사업에 편승할까? 이러한 미국 기업에서 일한 경험을 가진 중국 사람은 중국의 취업 시장에서 유리할까? 따라서 중국인 부모는 이러한 회사에 입사할 수 있는 미국식 교육의 기회를 얻기 위해 기꺼이 프리미엄을 지불할 의향이 있을까? 이러한 외부효과의 기회는 실로 끝이 없다.

미국인이 아닌 기관과 개인들의 합리적 행동으로 인해 발생하는 양의 외부효과로부터 미국의 조직과 개인이 체계적으로 이익을 얻는다는 사실이 아메리칸 티엔시아의 경제적 토대다. 그것이 아메리칸 티엔시아를 자족적인 동시에 확장적으로 만든다. 이렇듯 지속적이고 자발적으로 미국의 기관들에 돈과 권력을 이전하는 것을 고전적 중국 모델에 기반을 둔 공물의 한 형태로 규정하고 싶은 유혹이 든다. 그러나 이는 국제관계학자들이 세상을 이해하는 방식은 아니다. 콩(Khong, 2013: 6)은 '명나라와 청나라 시기의 중국과 유사하게 조공체제의 중추 또는 진원지로서 미국'을 특징짓고 있지만, 여타 정치학자와 마찬가지로 그는 조공체제를 주로 외교적 인정의 관점에서 이해하고 있다(Zhang, 2009; Zhang and Buzan, 2012). 그러나 중국의 조공체제 또한 국제무역을 관리하기 위한 고도로 규제된 경제체제이기도 하였다(Jiang 2011: 118-123).

명(明) 중국과 당대(當代) 미국의 사업 관행 사이에는 몇 광년의 차이가 있지만, 구조적 관점에서 볼 때 그들 사이의 주요한 차이점은 중국의 조공무역이 엄격한 탑-다운(하향식) 방식에 기반을 두고 운영되었던 반면, 오늘날 미국의 조공체제는 상당한 정도로 바텀-업(상향식) 방식으로 운영된다는 것이다. 명의 중국은 민간 무역의 억제에 적극적이었으며 정부는 때때로 외국의 조공사절단이 보내온 민간 수입품을 시가보다 비싼 가격에 사들이기도 하였다(Zhang, 2015a: 166-67). 물론 민간의 외국인 투자는 사실상 전무하였다. 명목상 명의 중국은 중국인 무역업자의 출국을 금지하였고, 출국을 시도하다 체포된 이들은 교살되었다(Jiang, 2011: 118, 112-113). 오늘날 국제무역은 널리 퍼져 있고 외국인 직접투자는 매우 갈망하는 일이며, 경제적 이민은 일반적이다.

상향식에 기반한 결과 **아메리칸 티엔시아**는 6세기 전 동아시아의 명천하보다 체계 전반의 경제적 위계에 훨씬 깊이 뿌리박고 있다. 명천하가 명백히 위계적이지만, 왕(Wang, 1968: 61)은 명천하가 '안보 또는 불가침성의 원리와 더불어 우월성의 원칙'이라는 관점에서 보다 더 정확하게 이해될 수 있다고 제안한다. 아메리칸 티엔시아는 그러한 불가침성의 원칙은 받아들이지 않는다. 친구이든 적이든 동일하게 모든 나라에는 세계적 탁월성의 위계가 침투해 있다. 그리고 이를 통해 모든 나라(의 개인)는 미국적 조공지대를 바칠 수 있다. 유일한 질문은 그저 침투해 있는가 아니면 잠식되었는가다. 위계의 방향성은 명확하다.

역사 속의 명천하(明天下)와 오늘날의 **아메리칸 티엔시아**를 구별하는 구조적 요소 중 일부가 〈표 2.1〉의 상단에 요약되어 있다. 우선 명천하가 이데올로기 측면에서 유교를 강조했다면, 아메리칸 티엔시아를 규정하는 이데올로기는 개인주의다. 그러나 개인주의는 텅 빈 용기일 뿐이다. 인권, 민주주의, 그리고 법의 지배와 같은 자유주의 원칙이 개인을 우선시하는 기본적 원칙을 유지하고 정교화하는 상부구조로서 진화했지만 그 자체에 구체적인 내용(즉, 민주주의는 어떤 정책을 추구해야 하는가? 사람들은 자신들의 자유로 무엇을 해야 하는가? 법이 어떤 목적을 달성해야 하는가?)은 없다. 이 모든 것은 유교와는 매우 다르다. 유교는 특히 명나라 시기 신유교주의의 정제를 거쳐 특정한 정책, 법령 및 목표에 대한 광범위한 규정

표 2.1. 명천하(明天下)와 아메리칸 티엔시아의 비교

차원	명천하	아메리칸 티엔시아
이데올로기	유교	개인주의
네트워크 유형	국가 대 국가의 관계	개인적 배태
입장	방어적	확장적
수용성	강제적	자발적
잉여 흐름	유출(외향적)	유입(내향적)
인적 흐름	유출(외향적)	유입(내향적)
5개 지대 내부	황실(왕실) 영토	워싱턴-뉴욕-보스턴 축
	신하(제후) 영역	미국의 나머지 지역
	내부 야만인	앵글로색슨 동맹
5개 지대 외부	속국 야만인	여타 동맹국과 협력국
	'거친' 야만인	비동맹국과 적들

들을 내놓았다. 미국식 '행복추구'는 인도 브라만주의 또는 중세 유럽의 기독교처럼 문화적 기대에 대한 일련의 대안들을 간명하게 제공하지 않는다. 미국의 개인주의는 공집합의 이데올로기다. 달리 말해, 개인주의는 교리 없는 이데올로기다.

개인주의는 각 나라가 미국과 적대적인 관계를 맺고 있을 때조차 그 나라의 시민들은 여전히 미국 대학을 다닐 수 있고, 미국 기업에서 일할 수 있으며, 그리고 (그들이 원한다면) 미국 시민이 되기를 희망할 수 있다는 것을 의미한다. 명(明) 중국은 외국의 영향으로부터 사회를 보호하기 위해 국가 대 국가의 관계를 이용하였다. 그러나 미국의 제도는 다른 사회의 가치를 변화시키기 위한 수단으로 사람 대 사람 관계를 활용한다. 국가가 아닌 개인에 대한 이러한 호소는 아이러니한 모순을 발생시키는데, **아메리칸 티엔시아**는 자발적 방식을 통해 신규 지지자를 모집함에도 불구하고 거침없이 확장된다. 미국, 미국의 기업, 미국의 대학 그리고 미국의 비정부기구는 개인에게 개별적인 자기발전의 기회를 제공하는 것을 통해 자유주의적 가치의 수출을 매우 성공적으로 수행한다. 중국 엘리트들은 그들이 개인주의적 사고방식을 기꺼이 수용한다면 미국 대학에 다니고 미국 기업에서 일하는 것을 현실적으로 열망할 수 있다. 만약 순응하지 않는다면 성공할 수 없겠지만 그것은 그들의 선택이다. 자기 이익에 대한 이러한 호소는 믿을 수 없을 정도로 강력한 채용 도구다. 대조적으로 미국이 무력으로 자유주의적 가치를 부과하려고 한

드문 경우(예: 아프가니스탄, 이라크)들은 스펙타클하게 실패했다.

명천하(明天下)에서는 경제적 잉여와 경제 행위자 모두 중심에서 주변으로 유출되는 것처럼 보인다. 이에 대한 증거는 정황상 맞지만 편향되어 있다. 첫째, 전문가들은 명나라 초기 조공무역이 일반적으로 속국에 혜택을 주었다는데 동의한다(Khong, 2013: 12). 황제는 자신의 신하국가로부터 받은 공물보다 훨씬 더 큰 가치의 선물을 하사함으로써 자신의 우월적 지위를 보여줄 수 있었다. 결과적으로 황실은 결코 조공무역을 촉진하는데 큰 관심을 두지 않았다(Fairbank and Teng, 1942: 140에서 인용한 Tsiang, 1936: 34). 오히려 정반대로 황실은 종종 이를 저지하고자 하였으며 특히 예상되는 공물이 정치적 대가를 치를 가치가 없다고 생각했을 때 그러하였다. 받은 공물과 하사한 선물 사이의 불균형은 중국을 중심으로 한 위계적인 동아시아 정치 질서를 유지하는 데 도움이 되었다. 당연하게도 중국의 속국들은 자신의 열등한 지위를 인정받기를 열망하였고 이를 통해 자신들이 조공을 보낼 자격을 얻고자 하였기 때문이다(Wang, 1998: 320). 심지어 조공을 받는 것을 거부함으로써 황제는 신하국을 처벌할 수도 있었는데 이 '처벌'은 공물 제공자에게 발생하는 불균형적인 혜택의 관점에서만 이해될 수 있다.

둘째, 명(明) 중국이 이민에 대해 규정한 극단적 처벌은 명나라가 들어가고 싶은 나라가 아니라 사람들이 탈출하기를 열망하는 나라임을 보여준다. 장(Jiang, 2011)은 이를 안보에 대한 우려 탓으로 돌리지만(빠져나가는 사람이 중국 방위기밀을 누설할 수도 있다) 떠나는 사람의 순전한 숫자는 그렇지 않음을 시사한다. 명나라 시대 내내 중국의 무역업자, 광물탐사자, 그리고 일반 농부들이 동남아시아에 정착하기 위해 나라를 떠났으며, 이후 명나라의 마지막 세기에는 수만 명이 마닐라와 바타비아(자카르타)로 이주했다(Lockard, 2013; Willis, 1998: 373-375, 356-363; Wang, 1959: 10-12). 스페인 통치하에 있던 아메리카 전역에 차이나타운이 등장하였고 어떤 이들은 멀리 쿠바 아바나까지 정착하였다(Hearn, 2016; Dubs and Smith, 1942). 중국의 이전 한(漢)나라 황금기와 달리 반대 방향으로의 주요한 경제적 이주 흐름은 없었던 것으로 보인다. 간혹 해외에서 부를 쌓은 중국인이 외국 대사의 자격으로 중국에 돌아가려고 애를 쓰기도 하였다. 그러나 통상 사형을 면하긴 하여도 체류가 허용되는 경우는 거의 없었다(Chan, 1968).

아메리칸 티엔시아와 대조하면 이보다 더 명확할 수는 없다. 미국은 세계의 돈과 인재를 끌어들이는 자석이다. 사람과 그들의 돈은 언제라도 자유로이 미국을 떠날 수 있음에도 불구하고 양자 모두의 순흐름은 강하게 미국 내부로 향한다. 명천하(明天下)는 개인의 이익보다는 국가(중국과 속국 모두)의 이익을 고취하였고 그 결과 개인의 경제적 동기는 난폭하게 억압되어야만 했다. 대조적으로 아메리칸 티엔시아는 확실히 속국의 이익이나 때로는 미국 자체의 이익보다 개인의 이익을 증진시키고자 한다. 그 결과는 또 다른 아이러니한 모순이다. 즉 개인을 우선시하는 국가는 국가를 우선시하는 국가보다 더 강력할 수 있다.

명나라가 동아시아 세계-체제의 중심에서 거의 300년 동안 존속했다는 것을 고려하면 이 주장은 아마도 여전히 열린 문제일 것이다. 하지만 엔트로피 이론이 하나의 해답을 제시한다. 엔트로피는 체계를 유지하려는 에너지가 주입되지 않는 한 퇴락하게 되는 구조의 항존적 경향이다. 모든 집주인이 알고 있듯이 집은 시간의 파괴와 싸우기 위해 지속적인 개보수가 필요하다. 그렇지 않으면 집은 급속히 무너질 것이다. 정치체제도 같은 법칙의 적용을 받는다. 예를 들어 로마제국의 쇠퇴에 일반적 해석은 일단 로마가 확장을 멈추자 쇠퇴는 돌이킬 수 없게 되었다는 것이다. 요컨대 새로운 영토의 정복으로부터 얻는 신선한 약탈품의 끊임없는 주입만이 로마를 간신히 지탱시켰다. 로마제국 말기와 마찬가지로 명천하는 동아시아 정치 위계의 최상위에 위치한 자국의 지위가 부식되어가는 것을 막기 위해 자체 자원을 서서히 소모해 갔다.

미국은 한 세기 이전에 자신의 최대치에 도달했다. 로마처럼 미국은 한때 정복과 착취로 번창했다. 그러나 오늘날 미국은 세계의 나머지 나라들로부터 끊임없이 신선한 돈과 재능을 주입받음으로써 엔트로피에 대항하고 있다. 아메리칸 티엔시아는 포스트-제국 천하이다. 더 많은 돈과 사람들을 획득하기 위해 외부 영토를 정복할 필요가 없다. 사람들과 돈이 저절로 흘러든다.

■ 아메리칸 티엔시아의 위계

만약 아메리칸 티엔시아가 명천하(明天下)와 그렇게나 다르다면 왜 천하(*tianxia*)라고 불러야 하나? 아메리칸 티엔시아는 명천하와 구조적으로 다를지는 모르지만, 명천하는 중국을 중심으로 한 동아시아 세계-체제의 수많은 구성물 중 하나에 불과하다. 천하 개념의 가장 초기적 구현체인 주(周)시기에 심지어 중국 자체는 통일된 국가도 아니었다. 중국은, 얼마간의 세기에는 한족의 통치하에 통일되었고 또 다른 몇 세기는 이민족의 통치하에 통일되었다. 1644년 명나라 몰락 이후에도 조공체제는 지속되었다(그리고 한동안 강화되기도 하였다). 그러나 동아시아 천하는 세계적 규모의 근대 세계-체제 속으로 해체되면서 세계를 아우르는 세계-체제이기를 멈추었다(Zheng and Wu, 2014: 59; Babones, 2015d: 10-11; Gorden and Morales Del Pino, 2017). 따라서 명천하는 작동하는 개념의 최종적 발전을 나타내지만 역사상 천하의 유일한 형태는 아니다. 〈표 2.1〉과 유사한 것들을 다른 시기에 대해서도 마찬가지로 구성할 수 있다. 오직 유교 이데올로기만이 상수로 남을 것이다. 여타 구조적 차원은 시대에 따라 변경될 것이다.

아메리칸 티엔시아를 천하(*tianxa*)이게 하는 것은 보편적인 도덕질서에 기초한 중심국가체제(central state system) 내에 전체 '세계'가 포괄된다는 점이다. 여타 역사적 세계-체제는 이러한 중심적인 국가의 구성을 반드시 수반하지는 않는다. 예를 들어 로마제국은 지중해 세계 전체를 효과적으로 포괄한 단일한 정치체제이지만 그것은 단일국가의 세계-제국이었지 중심국가체제는 아니었다. 중심국가체제에서 중심국가는 많은 국가들 중 단지 하나의 국가일 뿐이다. 대조적으로 중세 유럽은 진정한 정치적 권위를 지닌 공통의 종교에 의해 함께 결합된 다중-관할구역의 세계-문화였다. 월러스틴(Wallerstein, 1974)과 세계-체제 학파의 근대 세계-체제, 즉 '장기' 16세기에 성립한 세계-체제는 그러한 통일된 힘이 존재하지 않았으며 이것이 그렇게나 많은 동시대의 국제관계이론이 국제적 무정부 상태를 가설의 출발점으로 삼는 이유다.

근대 이전 중국의 천하체제와 오늘날의 세계는 명성이 자자한 로마의 세계-제국과도 구별되며 중세모델의 세계-문화와도 구별된다. 반복적으로 '미국 제국'으로 특징지어지기도 하지만, 나이(Nye, 2004: 262)가 말했듯이 '이 용어의 사용이 몇 가지 유용한 유비(類比)를 끌어내기도 하지만 그것은 또한 중요한 차이점들을 모호하게 함으로써 우리를 오도할 수도 있다.' 오늘날 세계-체제와 중세 유럽 사이의 유사점은 '신중세주의*'에 대한 논의를 촉발하기에 충

---

* 신중세주의(new medievalism, 新中世主義): 국가의 권력이 영토 내에서 배타적 권위를 갖지 못하고 세계화로 인해 개별 국가들의 주권이 점점 더 침식당하는 새로운 국제 체제. 유럽 연합과 같은 지역 기구, 스코틀랜드 같은 하위 국가 단체, 다국적 기업 같은 다양한 행위자들의 영향력이 커지면서 권위의 근원이 다양하고 중첩

분히 강력하다. 국제관계이론의 신중세주의는 비위계적인 '상호중첩되는 권위와 다중적인 충성의 체계'로 묘사된다. 여기에서 국가는 '자신의 시민, 그리고 그들에게 충성을 요구할 수 있는 능력을 … 지역적 그리고 세계적 권위들과 그리고 … 하위-국가적 또는 하위-민족적 권위들과 공유하게 된다'(Bull, 1977: 245-246). 이것은 다른 모든 국가의 시민에 대한 통치를 주장하는 보편적 이데올로기의 기원인 동시에 결정권자인, 압도적으로 강력한 중심국가를 수용할 수 없다.

아메리칸 티엔시아는 중세모델의 세계-문화보다는 로마모델의 세계-제국에 더 가깝다. 그러나 제국 체제라기보다는 중심국가체제로서의 미국은 로마제국 자체보다 후기 로마공화국과 더 유사하다. 차이점은 미국이 자신도 모르는 사이 제국의 엔트로피 퍼즐을 풀었다는 점이다. 20세기 초 이래 미국은 자신의 경계를 확장하지 않고 세계의 나머지 국가의 자원을 빨아들였다. 그리하여 오늘날 세계-체제에서 미국의 지위는 자신의 근본적 원리에 따라 이데올로기적으로 정렬된 위계적 세계-체제(즉 천하, *tianxia*)의 중심국가(가운

적인 국제 체계로 변화하고 있는데, 이것이 중세 시대와 비슷하다 하여 이르는 말이다.(네이버 국어사전) 신중세적 질서하에서는 중세 봉건시대의 영주, 기사들이 다양한 다중심적 권력체에 충성하고 그에 대한 댓가를 받는다는 의미가 포함된다. 저자의 아메리칸 티엔시아는 미국이라는 중심국가를 가진다는 점에서 신중세주의와는 구별된다.

데 중[中], 나라 국[國]의 중국[中國, *zhongguo*)의 위치다.

가운데 국가라는 의미의 중국어 중국(中國, *zhongguo*)이 실제로는 오직 차이나(中國, *Zhonguo*)에만 적용될 수 있는 것처럼, 천하라는 단어는 중국어에서 고유한 동아시아적이며 유교적 함의를 지닌다. 그러나 오늘날의 세계-체제를 '미국의 하늘 아래 모든 것'이라고 부르는 것은 관용적으로 우스꽝스러울 것이다. 천하(*tianxia*)를 영어에서는 고유명사 티엔시아(Tianxia)로 옮기는 것이 더 적절하다. 따라서 아메리칸 티엔시아는 미국이 중심국가이며 개인주의가 지배적 이데올로기인 위계적 질서의 세계-체제다.

중국의 천하(*tianxia*)와 마찬가지로 아메리칸 티엔시아도 〈표 2.1〉의 하단에 요약된 것처럼 상징적 권력과 현세적 권력 양자를 근사치로 반영하는 5개의 위계적 수준으로 대략 나뉜다. 미국 그 자체는 유교의 5단계 위계 즉 오복설의 위계에서 명나라 국가에 해당한다. 그리고 미국은 미국의 동부해안을 따라 워싱턴DC에서 뉴욕을 거쳐 보스턴에 이르는 '황실'(또는 적어도 통치) 중심지와 더불어 나머지 지역을 포괄하는 부속 영역으로 엄밀히 구분되어 구성된다. 북동부 미국에는 이 나라의(그리고 세계의) 선도적 정부, 금융 그리고 교육기관이 압도적으로 집중되어 있으며, 1인당 GDP는 미국의 다른 지역보다 훨씬 높다(Babones, 2017b). 미국의 나머지 지역은 명(明) 제국의 종족적으로 중국인으로 구성된 부분과 유사한데, 문화적으로 정치적으로 통일된 구역으로서 중심국가의 일부인 것은 확실하지만 '중심의 중심'*에 있지는 않다.

한족의 영토 외에 명(明) 제국은 또한 일부 '평화로운 야만인'의 영토를 포괄하였다. 이들은 모든 면에 있어 제국 내에 거주하지만, 민간생활에 있어서 자신들의 고유한 관례를 따르는 사람들이다. 이와 유사한 당대(當代)의 사례를 미국의 앵글로색슨 동맹 4개국(영국, 캐나다, 호주, 뉴질랜드)에서 찾을 수 있다. 미국은 이들 국가와 통합신호정보네트워크('ECHELON', 에셜론), 그리고 이와 함께 완전한 군사 상호운용 능력을 공유한다(Babones, 2015a: 59). 흥미롭게도 내부 야만인의 명목상 지위에도 불구하고 명나라는 외부 세력에 대한 이들의 주장을 항상 지지하지는 않았는데(Jiang, 2011: 100-102), 이는 국제적 분쟁에서 미국이 항상 앵글로색슨 동맹국들을 지지하지 않는 것과 마찬가지다. 그럼에도 불구하고 이러한 '내부' 동맹의 엘리트 시민은 미국의 세계통치에 참여할 수 있으며 5개국 모두의 최상위 기관들 사이에서 손쉬운 이동성을 누린다. 세계 10대 싱크탱크 중 6개가 미국에 있고 3개가 영국에 있는 것은 우연히 아니다(McGann, 2016: 49).

최상위의 경제력을 가진 대부분의 나라를 포함한 나머지 세계의 많은 나라가 미국과 폭넓게 보조를 맞추고 있다. 콩(Khong, 2013:

---

*   미국 북동부의 도시들과 달리 미국의 나머지 지역은 아메리칸 티엔시아의 중심인 미국에 있어 중심부의 위치에 있지는 않다는 의미.

22)은 남한,* 호주, 영국, 캐나다, 프랑스, 독일, 이탈리아, 일본, 네덜란드, 그리고 스페인을 미국의 '조공'동맹 상위 10개국으로 꼽는다. 상위 10개국을 선정함에 있어 경제적 규모에 대한 어떠한 직접적 척도도 포함하지 않았지만 여기에는 미국 외부의 16개 경제 대국 중 10개국을 포함한다. 명나라 중국의 '속국 야만인'에 해당하는 아메리칸 티엔시아의 4번째 지대에는 (앵글로색슨 동맹 4개국을 제외한) 나머지 25개 NATO 동맹국을 포함한다. 그리고 오스트리아, 핀란드, 아일랜드, 스웨덴, 스위스와 같은 유럽국가, 일본, 남한, 필리핀, 태국처럼 태평양을 가로질러 동맹을 맺은 나라들,** 아프리카, 중동, 동남아시아에 있는 많은 미국의 군사협력국, 어쩔 수 없이 (미국의 노선에) 보조를 취하는 라틴아메리카의 많은 나라들, 그리고 점점 (중요성이) 증대되는 인도 등이 여기에 포함된다. 이들 국가 중 어느 나라도 반체제적 성향을 지니고 있지는 않다.

아메리칸 티엔시아의 핵심에 한 나라가 편입되기 위한 절대적인 전제조건은 인권, 민주주의, 법의 지배라는 세계 사회 규범을 준수하는 것이다. 그리고 체제의 핵심적 내부에 있는 이들은 외부의 '야만적' 국가에 21세기 문명적 삶의 보편적 원리라고 알려진 것들을 수

---

* 저자가 Korea로 표현한 경우 한국으로, South Korea로 한 경우는 남한으로 번역.

** 태평양을 가로질러 동맹을 맺은 나라들(Pacific treaty allies): 직역하면 태평양조약 동맹국이나 실제 그러한 조약은 없으므로 태평양을 가로질러 동맹을 맺은 나라들로 의역함.

용하라고 열렬히 촉구한다. 공공연히 자유를 제한하는 일부 나라는 전략적 위치 덕분에(터키, 지부티) 또는 전략적 자원에 대한 통제를 통해(페르시아만의 군주정들) 아메리칸 티엔시아의 제4지대의 회원자격을 유지하고 있다. 그 밖의 나라들은 비동맹 및 적국의 다섯 번째 지대의 지위로 떨어진다. 제5지대의 '거친' 야만족 국가는 네 가지 유형이 있다. 포괄적인 국가 제도가 결여되어 효과적으로 통치가 되지 않는 나라(아프가니스탄, 소말리아), 격렬한 반미 정권이 통치하는 나라(이란, 북한), 미국과의 거래에서 일대일의 지위를 인정받고자 하는 나라(러시아, 중국) 그리고 사실상 러시아와 중국에 의존하는 나라(시리아, 캄보디아). 앞의 두 가지 유형은 보다 광범위한 세계-체제의 구조를 이해하는데 있어 별 관련이 없는 반면, 나머지 유형은 확실히 세계-체제에서 중국과 러시아의 입장에 달려 있다.

1990년대 포스트-소비에트 러시아는 아메리칸 티엔시아의 제4지대에 합류하는 것처럼 보였다. 심지어 러시아는 경제적으로 발전한 민주주의 국가의 모임인 G7 정상회의에도 가입하였다. 여타 7개 회원국의 실질적 동료라기보다는 이들보다 항상 야망이 큰 나라였음에도 불구하고 2014년 크림반도를 병합할 때까지 러시아는 회원국으로 남아 있었다.* 그러나 1999년 보리스 옐친(Boris Yeltsin)으로

---

* G7 정상회의(G-7 summit group): G7은 1970년대 국제사회가 세계 경제의 위기를 대처하는 과정에서 출현하였고, 1971년 미국의 금 태환 정지 이후 스미스소니언 합의를 도출하는 과정에서 미국, 영국, 프랑스, 독일 재무장관이 미국 백악관

부터 권력을 넘겨받은 직후부터 블라디미르 푸틴(Vladimir Putin) 러시아 대통령은 러시아의 국제화 방침을 뒤집었다. 2007년 기념비적인 뮌헨 안보회의 연설에서 그는 '하나의 주인, 하나의 주재자(암묵적으로 미국)만이 있는' '단극(unipolar, 單極)'의 세계에 참여하는 것에 함축된 주권의 상실을 비난하였다. '왜냐하면 그것의 기초에는 현대문명을 위한 도덕적 토대가 없으며 또한 있을 수도 없기 때문'이라고 말하면서 말이다. 그 이후로 국가들의 베스트팔렌식 주권 평등은 러시아 국가의 공식적인 국제관계의 원칙이 되었다.

주권 평등과 실질적 평등은 완전히 별개의 문제다. 러시아가 주요 군사 강국임에도 불구하고 그 경제 규모는 호주보다도 작은 세계 13위에 불과하다(World Bank, 2016). 러시아의 경제성장과 인구증가는 정체되어 있다. 또한 모든 국경, 특히 동부에서 심각한 안보 위협에 직면해 있는데 이 지역에서 러시아는 아이러니하게도 중국의 부상에 의해 가장 크게 위협받고 있다(Babones, 2015b). 아이러니라고 한 이유는 2016년 6월 25일 러시아와 중국이 '주권 평등의 원칙이 국제관계의 안정을 위해 결정적이라는 인식을 공유한다'라고 확

도서관에서 만나는 것을 계기로 4개국이 도서관 모임(Library group)을 형성하였고 1975년 일본이 참여함으로써 G5 재무장관 체제를 형성하였다. 이후 이탈리아와 캐나다가 참여하여 1976년 G7 정상회의로 확대되었고, 냉전 종식 이후 러시아가 1998년 버밍엄회의에서 정식회원이 되어 G8 체제를 완성하였다. 그러나 2014년 러시아의 크림반도 합병 이후 러시아의 자격을 잠정적으로 정지하여 현재 다시 G7 협의체로 돌아갔다.

언한「국제법 증진을 위한 선언」(Declaration on the Promotion of International Law)에 서명하였기 때문이다. 러시아는 국제법의 공식화, 해석 그리고 (결정적으로) 집행에 있어 미국과의 주권 평등을 주장할 수도 있겠지만, 러시아 이외의 사람들은 이를 심각하게 받아들이지 않는다. 중국은 또 다른 문제다.

■ 1640년대를 다시 처음부터

다양한 사회과학 문헌들과 대중지에는 중국의 부상에 관한 책들로 넘쳐나고 있다. 그리고 이는 결코 놀라운 일이 아니다. 1980년에서 2015년 사이에 중국경제는 25배 성장하였는데 35년 동안 대략 7년 반마다 두 배씩 성장한 것이다(World Bank, 2016). 1인당 실질 GDP는 1980년 350달러 내외에서 2015년에는 7,000달러로 20배가량 증가하였다. 2010년에는 일본을 추월하여 세계 2위의 경제 대국이 되었다. 2017년 현재 중국의 총 GDP는 미국의 절반 이상이다. 7년 또는 8년마다 두 배로 지속적으로 증가한다면 중국은 2025년까지 총 GDP에서 미국을 능가할 것이고 세기 중반 이후 언젠가는 심지어 1인당 GDP에서도 미국을 앞설 것이다. 이러한 시나리오는 수많은 예언자가 양산하는 희망과 두려움의 원천이다. 그리고 이러한 것이 곧 다가올 중국-지배의 세계-체제에 대한 중국의 대외

정책 전문가층의 공격적(심지어 '오만한') 확신의 초석을 형성한다 (Lynch, 2015: 155-198). 동아시아뿐만 아니라 전 세계 국제정세를 이끌 새로운 중국천하의 출현에 대한 믿음은 중국경제의 지속적인 고속성장에 달려 있다.

중국경제의 역동성에 희망을 걸고 있는 이들은 중국 지식인만이 아니다. 2007년 뮌헨 연설에서 블라디미르 푸틴은, 중국이 인도와 더불어 미국을 이미 따라잡았으며 '세계 경제성장의 새로운 중심이 지닌 경제적 잠재력이 필연적으로 정치적 영향력으로 전화되어 다극성(multipolarity)을 강화할 것'이라고 시사하며 동일한 희망을 내비쳤다. 다만 푸틴의 (실제적) 희망은 보다 강해진 중국이 지배하는 것이 아니라 일종의 세계적 강대국 리그에 러시아가 합류할 수 있는 공간을 창출하는 것이다. 그런데 이상한 것은 중국이 곧 미국을 따라잡을 것이라는 예측에 대해 수많은 저명한 좌파지식인 또한 환호한다는 점이다. 하비(Harvey, 2003: 200), 아리기(Arrighi, 2007: 214-287) 모두 중국이 주도하는 미래의 유라시아동맹이 전 세계를 지배할 것이라고 (긍정적으로) 예측한다. 그리고 이것이 어느 정도 세계를 보다 민주적으로 만들 수도 있다고 어렴풋이 암시한다. 지젝(Zizek, 2011: 174-176)도 이에 동의하는 듯 보인다. 중국의 부상을 응원하는 좌파지식인은 중국 지배의 세계가 미국이 지배하는 세계보다 덜 제국주의적인지 확실하지 않음에도 불구하고, 강력한 중국이 자신들이 미제국주의라고 파악하는 것을 약화시키리라는 희망에 이끌리고 있다는 점은 매우 명백하다.

서구 좌파지식인들과 마찬가지로 서구의 국제관계 전문가(기득권)층은 중국의 부상에 대해 강한 직업적 관심을 가진다. 그 이유는 자신들의 이론적 구성물 전체가 경쟁적인 베스트팔렌 국가 간 체계에 대한 분석에 기초하여 구축되어 있기 때문이다(Wohlforth, 1999: 38). 국제관계이론은 갈등을 자양분으로 하여 번창한다. 심지어 보수적 칼럼니스트 찰스 크라우트해머(Charles Krauthammer, 1990)가 소비에트의 도전이 종말을 고한 후 '단극'의 세계가 도래하였음을 선언했을 때조차 미어샤이머(Mearsheimer, 1990: 56)는 만일 소련이 유럽으로부터 완전히 철수한다면 '지난 45년간의 안정은 앞으로 수십 년간 다시 볼 수 없을 것'이라는 현저히 잘못된 예측을 해보는 것이 적절할 것이라고 판단하였다. 레인(Layne, 1993: 7)은 크라우트해머의 '단극의 순간'을 '그저 2000-2010년 사이 다극성에 자리를 내줄 지정학적 막간(幕間)'으로 특징지음으로써 미어샤이머의 의견을 그대로 따랐다. 미국 지배에 대한 도전자의 등장이 명백히 지연된 것에 좌절한 레인(2006: 38)은 이후 2010년 대신에 2030년으로 시간대를 확장함으로써 이 예측을 반복하였다. 독일(Mearsheimer, 1990), 일본(Layne, 1993), 유럽연합(Layne, 2006), 그리고 이제는 중국이 글로벌 지배력을 두고 미국에 도전할 운명이라는 식의 진화하는 예측은, 자신의 존재를 정당화하기 위해 그러한 갈등을 필요로 하는 학문 분야의 절박함을 증명한다.

오랫동안 고대하던 다극성으로의 회귀는 설령 이미 나타나지는 않았다 하더라도, 국제관계학계에서는 곧 다가올 현실로서 이제 거의 보편적으로 수용되고 있다(Schweller and Pu, 2011: 41-43; Brooks and Wohlforth, 2016a: 3-5). 중국이 미국과 대등한 지위의 도전자로 부상하고 있다(또는 실은 이미 부상했다)는 것에 대해 그닥 확신을 가지지 못하는 사람을 찾으려면 중국을 살펴보아야 할 것이다. 중국의 경제전문가들은 집단적으로 중국의 능력이 미국을 능가할지에 대해 매우 비관적이다(Lynch, 2015: 20-67). 중국으로부터의 대규모 자본이탈은 확실히 중국의 자국 인민들이 중국경제의 미래에 대해 확신을 가지지 못한다는 것을 시사한다. 군터(Gunter, 2017)에 따르면 중국의 자본도피는 1984년부터 2014년 사이(후반부로 갈수록 그 속도가 더욱 가속화되어 2014년에만 4,250억 달러를 기록하는 등) 3조 2천억 달러에 달하는 것으로 추정된다. 국제금융연구소(The Institute of International Finance, 2017)는 중국으로부터의 순자본유출이 2015년에 6,760억 달러, 2016년에는 7,250억 달러로 증가하였고, 2017년에는 1조 달러 이상이 될 전망이라고 추정한다. 1조 달러라는 수치를 바꾸어 설명하면 중국 외환보유고의 3분의 1 또는 중국 GDP의 약 12분의 1에 해당한다. 비록 중국 정부는 중국경제가 6.7%로 안정적으로 성장하고 있다고 지속적으로 주장하고 있지만 현재 이는(만일 이러한 성장이 실제로 이루어지고 있다면) 거의 완전히 재정적자와 강제적인 국영기업 투자에 기반을 두고 있다(Babones, 2016).

모든 좋은 일에는 끝이 있기 마련이다. 문제는 시간 척도를 제대로 설정하는 것이다. 미국을 중심으로 한 단극의 국가 간 체제가 끝날 것이라는 예측은 결국 정확한 것으로 판명날 것이다. 다만 미국천하론*은 국제관계학자들이 그 수명을 측정해야 하는 시간 척도를 지나치게 과소평가해왔다는 점을 지적한다. 마찬가지로 중국의 놀라운 경제성장도 결국 끝날 날이 올 것이다. 그러나 노벨경제학상을 수상한 로버트 포겔(Robert Fogel, 2010: 70)이 한때 예측했듯이 '전 세계 GDP에서 중국이 차지하는 비중(40%)이 미국(14%)이나 유럽연합(5%)을 왜소하게 보이게' 할 2040년에 중국의 성장은 끝날 것인가? 아니면 좀 더 빨리?

포겔(Fogel)은 통상의 거시경제 도구를 활용하여 중국의 경제성장을 예측하는 방식을 취하였고 이를 통해 중국 경제 성장에 대한 엄청난 전망에 도달했다. 좀 더 덜 낙관적인 점괘**로는 중국경제가 2032년에 미국을 추월하고 2040년에는 미국보다 약간 큰 규모일 것이라는 예측이다(Dadush and Stancil, 2010). 향후 중국의 경제성장이 어떠하든 중국은 세계 경제 위계의 최상위국인 미국을 대체하

---

* 미국천하론(American *tianxia* argument): 티엔시아(*tianxia*)가 보통명사로 활용되었기에 여기서는 아메리칸 티엔시아론(論)으로 옮기지 않고 미국천하론으로 번역하였다.

** 찻잎 읽기(reading of the leaves): 차를 마시고 찻잔 바닥에 그려진 무늬를 가지고 점을 보는 것을 말한다. '찻잎 읽기' 또는 '점을 치다.'보다는 점괘로 옮겼다.

지는 않더라도 도전할 것은 분명해 보인다. 그러나 이러한 경제 모형은 노동, 자본 그리고 기술과 같이 표준적인 경제적 투입물에 기초하여 중국경제를 분석한다. 그것은 정치, 문화, 행동, 그리고 환경과 같은 구조적 요인을 설명하지는 않는다. 이러한 '연성(soft)' 요인들은 직접 측정하기 어렵지만, 그 영향력은 비교 · 역사적 유비(類比)를 통해 추론해 볼 수 있다. 비교 · 역사적 분석은 경제 모형 구축에 있어 정확성이 부족할 수는 있지만, 보다 광범위한 사회적 속성을 고려할 수 있게 한다.

비교분석에 따르면 지난 30년 동안 중국은 후진적이고, 부실하게 관리되던 공산주의 사회에서 전형적인 국가주도의 시장 경제로 변모했다. 중국의 국유, 부패, 세금, 정부지출, 교육, 그리고 의료 등의 수준과 구조는 모두 브라질, 멕시코, 러시아 그리고 터키 등 여타 중위소득 국가에서 발견되는 것과 유사하다. 이 나라들은 매우 다른 경제와 사회적 형태를 가지고 전후 시대를 시작하였지만 개방과 자유화의 과정을 통해 모두 유사한 통계적 윤곽을 그리게 되었다. 주요 차이점은 중국 이외 국가들에서는 경제 엘리트가 정부를 장악한 반면, 중국에서는 통치 엘리트가 경제를 장악했다는 것이다 (Babones, 2012: 33). 중국이 브라질에 수렴하는 단순한 구조주의적 모형은 '중국의 놀라운 경제성장률이 2020년 이후에는 다시 세계적 표준으로 떨어질 것임을 시사한다'(Babones, 2012: 29). 이러한 예측이 실현될지의 여부를 미리 아는 것은 불가능하지만, 중국의 성장률은 이미 포겔(Fogel, 2010)의 장기모형이 예측하는 8%를 훨씬 밑돌고 있다. 다만 명목상으로는 여전히 다두시와 스탠실(Dadush and Stancil, 2010)의 장기모형 예측치인 5.6%보다는 높다. 비교·역사적 접근법이 옳다면 그 결과를 2020년까지는 알게 될 것이다.[*]

장기적인 역사적 분석은 또 다른 구조적 유사성을 시사한다. 명나라를 거치면서 중국경제는 의무복무와 관습적 지대에 기반을 둔 비화폐적 봉건 경제에서 수출 지향적 시장 경제로 이행하였다(Gordon and Morales Del Pino, 2017). 1557년 포르투갈령 마카오, 1571년 스페인령 마닐라의 설립으로부터 1644년 왕조의 붕괴에 이르는 명나라 말기, 중국경제는 봉건적 농업경제에서 지역적 수준과 세계적 수준의 세계 무역 네트워크에 고도로 통합된 수출 지향적 화폐경제로 변모했다(Atwell, 1998: 404-406). 중국경제의 변화는 중부유럽, 일본 그리고 (특히) 신대륙으로부터 수만 톤의 화폐용 은이 수입됨으로써 촉진되었다(Atwell, 1982). 그 본질에서 있어서는 돈이 중국으로 흘러들고 수출품이 빠져나갔다. 일단 중국경제가 완전한 화폐화에 도달하자 중국의 상품가격(중국의 계산단위인 테일[**]로 표시

---

[*] 중국의 경제성장률은 2019년 6%, COVID-19 원년인 2020년에는 2.2%를 기록하였다. 2021년의 경우 진위 여부에 대해 논란이 있지만 중국 국가통계국에 따르면 8.1%를 기록하였다. 2022년에는 다시 3%를 기록하여 공식 목표치인 5.5%를 밑돌았다. 2022년 OECD는 2023년 중국 경제성장률을 4.6%로 전망한 바 있으며 중국 정부는 양회에서 2023년 경제성장률 목표치를 5%라고 발표한 바 있다.

[**] 테일(tael): 통화로 오랫동안 사용된 은의 무게를 측정할 때 사용된 중국의 단위다.

됨), 특히 금 가격은 세계의 나머지 지역의 가격과 동일해졌다(Flynn and Giraldez, 1995). 그 결과 무역을 통해 노다지를 캐는 일은 끝났으며 중국의 수출은 안정화되었다. 그리고 (아마도 동시적은 아니지만) 1644년 명나라는 붕괴했다.

1500년대 초반의 명(明) 중국과 매우 유사하게도 1970년대 공산주의 중국은 내수지향의 비시장적 경제였다. 양국 정부 모두 외부 세계와의 교역을 회피하려 하였으며 무역이 반드시 필요한 경우에는 공식적 경로를 통해 행해졌다. 양 정부 모두 이민을 금지하고 심지어 국내 이주마저 엄격히 통제했다. 양자 모두 유럽인과 미국인(1500년대에는 라틴아메리카인)의 도착은 이전의 폐쇄적인 체제의 개방과 연관되어 있었고 두 번 모두 개방은 서양 화폐의 유혹을 통해 이루어졌다. 예나 지금이나 서양은 중국에 수출할 것이 돈 이외

중국은 1933년까지 공식적인 국가 통화를 사용하지 않았고 은이 통화로서 유통되었다. 은의 단위로서 테일은 주조된 동전이라기보다는 표준적 회계 단위였다. 실제 거래는 은괴나 테일로 측정되는 은행지폐 또는 수표, 은화가 활용되었다. 특히 18세기와 19세기 멕시코 은화와 스페인 달러가 중국으로 대량 유입되었다. 스페인에 의해 중국으로 수입된 은은 대략 50테일 무게의 은괴로 제작되었다. 통상 말굽은(syce)의 형태로 제조되었고 1933년까지 중국 은행 비축분의 상당 부분을 차지했다. 영어 단어 tael은 포르투갈어에서 기원하는데 이는 무게를 의미하는 말레이어 tahil에서 유래했다고 한다. 이것의 중국어 표현이 량(兩)이다. 중국에서는 지역이나 교역에 따라 다양한 기준이 있었으나 일반적으로 은 1 테일의 무게는 약 40g 정도였고 당국 기준으로는 약 37.5g에 해당한다. 보다 정확히는 1 tael = 1.33 oz(37.42grams)이다.

에는 없었고 결과적으로 중국상품이 드라마틱하게 일방적으로 순유출되었다. 단순히 중국에서 싸게 사서 나머지 세계에 비싸게 파는 차익거래의 기회가 고갈될 때까지 돈을 퍼부었고 상품은 쏟아져 나왔다. 그리고 이제는 1640년대와 마찬가지로 중국과의 무역으로 돈을 버는 것은 힘든 일이 되었다.

1979년 중국 개방 이후 중국의 대부분 경제 관계는 비화폐적인 것에서 화폐에 기반을 둔 것으로 전환되었다. 사람들은 작업장 단위로 거주하고, 옷을 입고, 음식을 먹었는데 이제 그들은 돈을 위해 일하고, 그들 자신의 것을 산다. 이전의 모든 비화폐적 방식의 화폐화는 중국경제의 막대한 확장(화폐적 관점에서 측정했을 때)을 필요로 했고 이는 생산성의 엄청난 증대를 촉발하였고 이것은 경제를 더욱 확장시켰다. 그러나 그 모든 것은 끝이 났다. 오늘날 중국의 모든 사람은 돈을 위해 일한다. 그들이 은퇴하면 연금을 돈으로 받는다. 중국이 여전히 공산당에 의해 통치될지 모르겠지만 더 이상 공산주의 국가는 아니다. 지난 30년간 중국의 성장에 있어 어느 정도가 단순히 공산주의에서 자본주의로의 전환에 기인한 것인지는 아무도 계산할 수 없지만, 그 비중은 분명히 클 것이다. 그런데 그것은 이제 끝났다. 중국의 집권 공산당은 명나라처럼 망하지는 않을 것이며 아마도 (2014년 이래의) 수출감소, (2014년 이래의) 외환보유고 감소, (2011년 이래의) 정부재정적자의 증가를 견뎌낼 수 있을 것이다. 당(The Party)은 쭉 살아남을지 모르겠지만 파티(the party)는 끝났다.

3

어디에도 다다르지 않는 일대일로

One belt, one road to nowhere

중국의 부상에 대한 겉멋들린 예측(혹은 심각한 경고)들은 중국 전문가, 저자, 컨설턴트로 구성된 전체 지식산업을 뒷받침한다. 실제로 중국은 세계에서 가장 뛰어난 문명 중 하나를 탄생시킨 중요한 나라이자 유엔 안전보장이사회의 상임이사국이고 세계 2위의 경제를 자랑하는 나라이며 그리고 세계 인구의 20%에 가까운 인구가 거주하는 국가이다. 이러한 최상급의 표현은 사실상 옳지만 그것을 표현하는 언어는 종종 분석적인 것에서 묵시론적인 것으로 뒤바뀌는 듯하다. 이에 대한 가장 유명한 사례는 따로 설명할 필요가 없는, 마틴 자크(Martin Jacques, 2009)의 『중국이 세계를 다스릴 때(*When China Rules the World*)』이지만 유사하게 과장된 관점들을 우리는, 여타 수많은 조무래기 스타작가뿐 아니라 헨리 키신저(Henry Kissinger)나 행크 폴슨(Hank Paulson)과 같은 권위자의 책에서도 찾아볼 수 있다. 중국을 인류사의 흐름을 형성하는 독특한 힘으로서 규정하는 작금의 일반적 묘사에 대해 칼라한(Callahan, 2014: 29-31)은 비록 그것이 신비스러운 동양을 후진성의 불가해한 저수지로 파악하기보다는 감춰진 권력의 보고와 연관시키는 설명이기는 하지만 새로운 형태의 오리엔탈리즘을 구성하는 것이라고 언급한다. 이는 (서구의) 경제법칙이 중국에는 적용되지 않음을 시사한다.

이러한 법칙에는 중국의 잠재적 경제성장률을 이미 지체시키고 있을지 모르는 정치적 · 환경적 · 인구적 완충장치가 부과하는 제한들도 포함된다(Babones, 2011: 84-85). 또한 중위소득 국가에서 상위소득 국가로 성장하는 것보다 하위소득 국가에서 중위국으로 성장하는 것이 훨씬 쉽다는 간단한 구조적 사실이 있다. 남한의 경우 1960년과 1990년 사이 미국의 1인당 GDP 수준의 30분의 1에서 3분의 1로 성장했는데 이는 중국보다 훨씬 더 놀라운 성장 궤적이다(Babones, 2011: 81). 그러나 사반세기가 지난 지금도 여전히 미국의 절반 수준에 이르지 못하고 있다(World Bank, 2016). 중국의 1인당 GDP는 지난 35년간의 괄목할 만한 성장에도 불구하고 미국의 6분의 1에도 미치지 못한다. 물론 언젠가 3분의 1 수준에 도달할 수는 있다. 그러나 자크(Jacques, 2009)가 자신의 책 부제에서 언급한 '서구 세계의 종말과 새로운 글로벌질서'를 위한 최소한의 요구조건으로 보이는 미국과 동등한 수준까지 성장하기 위해서는 또 다른 중국의 전면적 변화가 필요할 것이다. 그리고 만약 그러한 변화가 일어난다면 사람들은 합리적으로 다음과 같이 질문할 수도 있다. 이 경우의 중국은 여전히 오늘날과 같은 중국일까? 단지 오늘날의 미국뿐 아니라 21세기 중반의 미국보다도 더 생산적이고 더 정교할 정도로 변화한 21세기 중반의 중국은, 미루어 짐작건대 신오리엔탈리스트의 오래된 문명의 중국과는 완전히 다른 중국일 것이다.

세계의 차기 경제적 초강대국이라는 역할을 중국이 이어받기 이전 그 칭호는 일본이 지니고 있었다. 사반세기 동안의 경제적·인구적 정체 이후 이제 아무도 일본에 대해 이 용어를 사용하지 않는다. 그러나 대표적인 중국 국제관계학자인 옌쉐퉁(Yan Xuetong, 閻學通)이 2012년 한 신문 인터뷰에서 일본은 중국 지배의 불가피한 미래에 스스로 적응해야 한다고 제안했을 때 '일본이 말기적 쇠퇴 상태에 있음을 기꺼이 받아들이는' 일본 전문가는 거의 없었다 (Mauch, 2014: 202). 여전히 일본은 세계 3위의 경제 대국이자 세계에서 가장 잘 무장된 군사 강국 중 하나다(Liff and Ikenberry, 2014: 73-78). 게다가 일본의 군사력은 거의 전적으로 중국이 제기하는 위협에 초점을 맞추고 있는 반면(Koga, 2016), 중국에 있어 일본은 수많은 잠재적 위협 중 하나일 뿐이다. 옌 자신은 향후 중국과 일본의 군사적 대결이 '주요한 위험'이라고 믿는다(Yan, 2014: 184). 아마도 보다 우려스러운 점은 옌이 여타 이웃 국가와의 전쟁 가능성도 염두에 두고 있다는 것이다.

1592년과 1597년 일본의 조선 침략에 대항해 조선방어를 지원

했던 명천하 이래 중국은 일본과 불편한 관계를 유지해왔다. 그러나 오늘날 미국은 옛 명천하 전역에 걸쳐 강력하게 전진 배치되어 있다. 주한미군 28,500명(Manyin et al., 2016: i), 류큐 열도의 오키나와에 주둔한 19,000명의 해병대(Chanlett-Avery and Rinehart, 2016: 4), 필리핀과의 상호방위조약, 1979년 대만 관계법에 따라 대만에 무기를 판매하기로 한 서약, 베트남과의 증대되는 우호적 군사 관계(Tow and Limay, 2016) 등이 그 예다. 중국의 국제관계 전문가들이 '중국과 이웃 국가들의 관계에 대해 비관적'인 것은 놀라운 일이 아니다(Feng and He, 2015: 95). 미국과 그 동맹국들에 의해 포위되었다는 이러한 인식의 결과는 다음과 같다.

> 중국 여론과 중국 엘리트들 모두 가장 기본적인 중국의 목표에 대해 미국은 근본적으로 적대적이라고 믿는다 …그리고 유일한 장기적 해결책은 중국의 이익에 보다 유리하게 국제체제를 재정향할 수 있는 상대적으로 충분한 힘을 (중국이) 가지는 것이다(Roy, 2016: 197).

개혁개방 이후 30여 년 이상 중국은 이에 대한 해결책에 골몰해왔다. 1989년 천안문 사건 발발 직후 중국 지도자 덩샤오핑(Deng Xiaoping)은 중국의 인내심 계략을 그 유명한 '24자(字) 전략'으로 공식화하였다. '차분하게 관찰하라, 우리의 입지를 확보하라, 침착하게 일에 대처하라. 능력을 감추고 때를 기다리라, 저자세를 유지하는 데 능숙해지라, 그리고 결코 지도자임을 주장하지 마라.' 2009년 덩의 제자인 후진타오(Hu Jintao)는 이를 최종적으로 두 가지 요점 '낮은 자세를 견지하고 적극적으로 무언가를 성취하라'로 수정하였다(Menon, 2016: 132). 옌(Yan, 2014)은 덩샤오핑과 후진타오의 '저자세를 유지하는'(KLP, keeping a low profile) 전략을 중국 자체의 경제발전에 초점을 맞춘 전략으로 이해하고 이를 시진핑의 보다 호전적인(옌은 이것이 동시에 보다 도덕적이라고 주장하지만) '성취를 위해 분투하는'(SFA, striving for achievement) 전략과 대조한다. 중국의 근린관계와 관련하여 SFA는 2013년 공식정책이 되었다(Xu, 2016: 480). SFA 전략은 '오해의 여지없이 개발도상국에 대한 경제적 지원임이 분명하다'(Yan, 2014: 168).*

----

* '24자(字)'는 냉정관찰(冷靜觀察), 참온각근(站穩腳筋), 침착응부(沈着應付), 도광양회(韜光養晦), 선우수졸(善于守拙), 절부당두(絶不當頭)를 말한다. 이 가운데 가장 널리 회자된 것이 바로 '도광양회'다. '도광양회'는 '칼을 칼집에 넣어 검광이 밖으로 새나가지 않게 하고 그믐밤 같은 어둠 속에서 실력을 기른다'라는 뜻의 사자성어로 삼국연의(三國演義)의 '도회지계(韜晦之計)'에서 유래한 말이라고 한다. 마오쩌둥 사후 1978년 말 권력을 잡은 덩샤오핑은 마오의 세계전략 '초영간미(超英趕美)'를 폐기하고 '화평발전(和平發展)'을 내세우며 개혁개방을 추진하였다. 그러나 1989년 천안문 사건을 기점으로 대내외적 어려움에 봉착하게 된다. 덩샤오핑은 이러한 난국을 타개하기 위해 대내적으로는 경제발전의 지속적 추진과 정치적 안정, 대외적으로는 급변하는 국제정세를 냉정하게 관찰하고 침착하게 대처하면서 낮은 자세로 실력을 길러 중국이 해야 할 일을 해야 한다고 여러 차례 역설하였다. 덩샤오핑의 이러한 방침은 적게는 '20자' 방침에서부터 많게는 '32자' 방침으로 설명된다. 그러나 가장 유명한 '도광양회'조차 덩샤오핑 사후 출판된 「덩샤오핑 연보」에서

한 차례 언급될 뿐이어서 덩샤오핑의 '20자 방침', '24자 방침', '28자 방침' 등의 실체적 진실을 추적하기는 쉽지 않다. 이 중 20자 방침은 중국이 대내외적 위기에서 빠져나오기 위해 당시 외교부장 첸치천(錢其琛)이 덩샤오핑의 방침에 따라 대외전략으로 채택하였다고 한다. '20자 방침'은 위의 '24자' 중 '냉정관찰, 참온각근, 침착응부, 도광양회' 등의 16자에 유소작위(有所作爲, 필요한 역할은 한다. 해야 할 일은 적극적으로 참여하여 이루어낸다 등의 뜻임)를 더한 것이다. 한편 본문에 등장하는 '24자 전략'은 미국 '국방수권법(2000)'에 의거하여 의회에 제출된 「중국군사력 연도보고서(2002)」에서 체계적으로 정리되어 등장하였다. 여하튼 일련의 덩샤오핑의 방침은 '도광양회, 유소작위' 등 2가지로 요약된다. 본문의 후진타오가 요약한 두 가지 요점은 이를 말한다. 본문의 덩샤오핑과 후진타오의 '저자세'는 '도광양회'를 말한다. 한편 후진타오(胡錦濤)는 덩샤오핑의 '화평발전'전략을 '화평굴기(和平堀起)'로 바꾸어 놓았는데 이때부터 미국은 중국에 대해 경계심을 가지게 된다. 이후 미국은 '아시아로의 선회'를 표방하고 대중국 정책의 전환을 시사하였는데 중국은 2012년 시진핑은 국가주석에 취임하며 '중국몽(中國夢)'을 천명하고 2012년 방미 당시 신형 대국 관계를 제시하였다. 시진핑 이후 통상 중국의 대외전략은 '도광양회 유소작위'에서 '주동작위(主動作爲)'로 바뀌었다고 말해진다. 그러나 '주동작위'는 중국 외교부 산하 세계지식출판사가 발행하는 외교전문 주간지 '세계지식'에서 유래한 것으로 시진핑 주석이 공식적으로 언급한 기록은 없다. 다만 2013년 하이난다오에서 열린 보아오(博鰲)포럼에서 신형 대국 관계를 설명하면서 '신형 대국 관계를 구축해 나가는 과정에서 주변국 외교에 있어서는 우리의 권리를 지키기 위해 적극적으로 주동(主動)해 나갈 것이며, 겸허히 자신을 돌아보면서도 자신의 권리를 지키고 지역의 안정을 추구하는 쪽으로 행동할 것"이라는 '삼개경가(三個更加ㆍ세 가지의 더하기)' 원칙을 밝힌 바 있으며, 2013년 '주변국 외교공작 좌담회'에서 분발유위(奮發有爲, 분발해서 성과를 내다), 여시구진(與時俱進, 시대와 함께 전진하다), 갱가주동(更加主動, 더욱 주동적으로 움직이다)' 등 외교 활동 12자 방침을 직접 제시하였다. 본문의 '성취를 위해 분투'는 위의 '분발유위'를 말한다. 덧붙이자면 개혁개방의 총설계사 덩샤오핑이 조용히 실력을 기르고 할 일이 있을 때를 대비하라는 '도광양회 유소작위'를 말할 때 설정된 시점은 2020년이었다(김광일, '도광양회 이데올로기의 출생과 성장」, 「중국 문학」, 2019: 209-241; 박승준, '도광양회

준용하여 말하자면(*Mutatis mutandis*), SFA의 운용은 명나라 초기 조공체제와 매우 흡사한데, 오늘날 중국의 경제외교는 제국의 선물교환의 관대함을 대신하고 있다(Pan and Lo, 2017: 9-11). 다만 동아시아의 이전 핵심 조공국이 더는 활약하지 않는다는 것이 차이점이다. 시진핑 치하에서 재개된 중국 조공체제는 대신에 '중앙아시아의 실크경제벨트, 남아시아의 중국, 인도, 방글라데시, 미얀마 경제회랑, 그리고 동남아시아의 해상 실크로드' 등 '3개의 계획된 하위-지역 경제공동체'로 구성되어 있다(Yan, 2014, p. 169). 만성적으로 경색되어 있는 인도와 중국의 관계를 고려하면 옌(Yan)이 언급하는 두 번째 '하위-지역 경제공동체'는 당분간 작동하지 않을 가능성이 높다고 추정해도 무방해 보인다. 그러나 2013년 말 시진핑의 새 정부는 옌의 첫 번째와 세 번째 공동체에 상응하는 두 가지 구상을 발표하였다. 그것은 '실크로드 경제벨트'와 '21세기 해양 실크로드'이다. 중국의 독특한 정책 슬로건 언어를 사용하여 두 공동체는 함께 '일대일로'(1B1R, One Belt, One Road)를 구성하며, 때로는 '신실크로드'라고 불린다. 1B1R이라는 프레임워크는 사실상 중국의 새로운 조공체제다.

와 주동작위 사이 시진핑은 어디에 있나: 덩샤오핑의 유언과 시진핑의 선택', 2013, 「주간조선」 외 기타 언론매체 자료와 인터넷 검색을 통해 역자가 요약 정리함).

■ 유라시아 판타지

2013년 9월 7일 시진핑 중국 국가주석은 카자흐스탄 나자르바예프대학 연설을 통해 일대일로 프레임워크의 첫 번째 갈래에 대해 발표하였다. 베스트팔렌 주권과 비간섭주의의 미사여구로 가득 찬 이 연설에서 시 주석은 '실크로드 경제벨트'의 창설을 제안하고 5가지 선결과제를 제시하였다. (1) 정책적 소통의 강화, (2) 도로 연결성 개선, (3) 무역 활성화의 증진, (4) 통화유통의 향상, 그리고 (5) 인적 교류의 강화 등이다. 첫 번째와 마지막 항목은 명백히 진부하다. 네 번째 항목은 처음 읽을 때는 다소 이상하게 들리지만 전체 연설문에서 시 주석은 '당사국은 현지통화의 교환 및 결제의 실현을 촉진해야 한다'라고 설명한다. 이는 중앙아시아 전역에서 미 달러화가 광범위하게 사용되는 것에 대한 대응인데 중앙아시아의 경우 달러화(化)의 비율이 '세계에서 가장 높다'(Ben Naceur et al., 2015: 2). 현지통화의 사용을 촉진하는 데 대한 중국의 관심은 이 지역에 대한 미국의 경제적 영향력을 줄이고자 하는 열망에서 비롯된다.

연계성과 무역에 대한 시 주석의 두 번째, 세 번째 요점은 세계의 관심을 사로잡았다. 어떤 이는 심지어 이를 '(뛰어난) 상상력'이라 말한다. 소련 통치하에서 고립되고 대부분 봉쇄된 채 서구로부터 한 세기 동안 잊혔던 중앙아시아는 1991년 서구의 의식 속으로 재진입하였다. 그리고 이웃한 아프가니스탄에서 계획된 2001년 9월 11일 공격의 여파로 헤드라인의 상단을 장식하였다. 독립적 정치행위자로서 중앙아시아 국가들의 재등장은, 19세기 러시아와 영국령 인도 사이의 경쟁을 떠올리게 하면서 이 지역에 영향력을 행사하기 위한 새로운 '그레이트 게임'*에 대한 논의를 촉발하였다(Smith, 1996). 중앙아시아에 위치한 구(舊)소련의 5개 공화국(키르기스스탄, 카자흐스탄, 타지키스탄, 투르크메니스탄, 그리고 우즈베키스탄)은 외부의 영향에 대해 불안정하고 취약하다고 널리 인식되고 있다(Weitz, 2006). 다 합쳐봐야 인구 7천만 명 미만인 이들 국가는 중국, 인도, 러시아 등의 대국뿐만 아니라 심지어 이란과 터키 등의 이웃 국가에

---

* 　그레이트 게임(The Great Game): 중앙아시아의 패권을 차지하기 위한 대영제국과 러시아 제국 간의 전략적 경쟁을 지칭한다. 그레이트 게임은 중앙아시아뿐 아니라 유라시아 전역에서 진행되었다. 통상 그레이트 게임은 러시아와 페르시아가 조약을 체결한 1813년부터 1907년 영-러 협상까지의 기간을 칭한다. 제국주의 열강의 경쟁 속에 부동항을 확보하기 위한 러시아의 확장전략은 서진, 남진, 동진 전략으로 나타나는데, 서진 정책은 크림전쟁으로, 동진 정책은 러·일 전쟁으로 이어졌다. 본문의 영국령 인도와 관련하여 살펴보면 러시아의 인도 진출에 대한 영국의 두려움과 부동항을 확보하고자 한 러시아의 남진 정책에 중앙아시아에서 영국과 러시아의 그레이트 게임을 낳았다. 러시아는 아프가니스탄 쪽으로 진출하여 인도양 쪽으로 진출하고자 했고 영국은 러시아가 인도로 진출할 것으로 판단하여 일종의 완충지대인 아프가니스탄을 세 차례 침공하여 점령하였다. 이 같은 충돌은 아프가니스탄과 러시아의 국경선 확정을 통해 종결되었다. 그레이트 게임이란 용어는 영국 동인도부대의 정보 장교 아서 코널리(Arthur Conolly)에 의해 만들어졌으며 키플링(Rudyad Kipling)의 소설 *Kim*(1901)을 통해 대중화되었다.

비해서도 왜소하다. 그리고 아프가니스탄 개입 종식에 따라 이 지역은 상대적으로 미국 정책입안자들의 주변적인 관심사로 밀려났지만, 여전히 미국은 이 지역의 주요행위자로 남아 있다(Rumer, et al., 2016).

물론 중국은 이들 중 가장 큰 거인이다. 스완스트롬(Swanstrom, 2005: 584)은, 중국이 일대일로를 포괄적인 외교정책의 틀로 공식화하기 8년 전에 쓴 글에서 '남반구와 라틴아메리카에 대한 미국의 지배와 유사한 방식으로' 중국이 중앙아시아와 동남아시아 모두를 지배하려 한다는 선견지명이 있는 경고를 한 바 있다. 그는 중앙아시아에 대한 오늘날 중국의 경제외교 활동을 고전적인 중국의 조공체제와 비교했다. 지난 10년간 이 지역에 대한 중국의 경제적 이해는 줄곧 증가하였다. 이제 중국은 이 지역 최대의 무역파트너이며 최근 몇 년 동안 약 1,000억 달러의 인프라 투자계획을 발표하였다(Rumer et al., 2016: 9-10). 또한 중국이 주도하는 아시아인프라투자은행(이하 AIIB)의 경우, 운용 첫해(2016년) 타지키스탄과 우즈베키스탄 사이의 국경 간 이동의 개선을 목적으로 단지 2,750만 달러의 대출이 이 지역에서 이뤄졌을 뿐이지만 앞으로 많은 투자를 할 것으로 기대된다(Hsu, 2017).

압도적인 경제력을 지닌 중국의 등장은 중앙아시아에 혜택을 가져오는 동시에 두려움을 불러일으켰다. 많은 자료들이 출처 불명의, 아마도 사실은 아닐듯한 현대 카자흐스탄 속담, '당신이 나라를 떠나고 싶다면 영어를 배우세요. 당신이 머물고 싶다면 중국어를 배우세요'를 언급한다. 클라크(Clarke, 2014: 155-163)의 경우 중국의 경제적 착취, 이민, 수자원 갈취에 대한 카자흐스탄인의 대중적 두려움을 개략적으로 설명하는 챕터의 제목으로 이 속담을 인용한다. 만약 그러한 두려움이 카자흐스탄에 만연해 있다면 동일한 현상이 여타 4개국에도 마찬가지로 존재할 것이라고 예상해볼 수 있다. 중국혐오(Sinophobia)가 만연한 한 지역에 대한 페이루즈(Peyrouse, 2016)의 묘사에 따르면 혐중은, 중국 국영기업과의 관계에서 정치 지도자와 자신의 가족이 상당한 이득을 취하는 대규모 엘리트 부패를 통해서만 누그러진다. 중국과의 긴밀한 관계는 러시아의 지배에 대항한 일종의 '보험'으로 평가할 수도 있다(Clarke 2014: 167). 그러나 여전히 이는 '장기적으로는 다소 위험한' 것으로 간주된다(Peyrouse, 2016: 23). 이 지역에서 중국의 돈이 인기가 있을지는 모르겠으나 중국은 그렇지 않은 듯 보인다.

중국 자체적으로는 실크로드 경제벨트가 중국 국내의 '서진(Go West, 西進)' 발전 전략의 연장선으로 종종 묘사된다(Zhang, 2015b: 8-10; Ferdinand, 2016: 951-953). 공식적으로 '서부개발프로그램'으로 칭해지는 이 전략은 '세기 전환기까지 지역적 불평등을 극복하자'라는 1992년 덩샤오핑의 목표를 달성하고자 하는 목적하에 1999년 장쩌민(Jiang Zemin) 주석에 의해 추진되었다(Lai, 2002: 436). 초기 서진전략의 선전을 위한 자금지원은 '명백히 제한적'이었다. 재원의 대부분은 '캠페인이 공개적으로 명시되기 이전'에 이미 할당된 재원을 이름만 바꾼 채 재편성하여 구성되었다(Goodman, 2004: 319). 당시 민간과 외국인 투자가 그 공백을 메워줄 것이라는 희망이 분명히 있었다. 이러한 희망이 실현되지 않자 중국 정부가 나서 서부 지방의 지역적 발전이라는 관점에서 중앙아시아와 그 너머로의 연계를 촉진하기 시작했다. 예를 들어 시안(Xi'an, 중국 북서부의 상징적 관문)과 충칭(Chongqing, 중국 남서부의 상징적 관문)은 중앙아시아를 거쳐 유럽으로 향하는 철도화물 서비스의 명목상 출발점이 되었다.

이론적으로 중국 서부의 상대적으로 가난하고, 저개발된 지방은 중앙아시아의 더 나은 인프라와 더 높은 수준의 경제발전으로부터 이득을 얻을 수 있다. 현실적으로 중앙아시아의 5개국은 경제적으로 중국과 무관하다. 키르기스스탄, 카자흐스탄, 타지키스탄, 투르크메니스탄, 우즈베키스탄의 GDP 총합계 3,010억 달러는 중국 중부의 상대적으로 가난한 안후이 지방의 GDP보다도 15% 적다(World Bank, 2016; National Bureau of Statics, 2016). 중앙아시아의 발전이 중국의 성장에 유의미한 영향을 미치기에는 경제 규모가 그야말로 너무 작다. 이들 국가에 대한 중국의 경제적 지원은 오직 정치적 인정을 대가로 한 경제적 원조라는 옌(Yan, 2014)의 SFA 전략의 관점에서만 합리화될 수 있다. 스완스트롬(Swanstrom)은 확실히 이를 다음과 같은 방식으로 바라본다.

중국의 의도는 … 고전적인 속국 관계에 비견될 정도로 중앙아시아 지역에 영향력을 행사하고 통제하려는 것이다. … 이곳에 베이징은 투자를 하고 안보를 제공하여 정치적 안정성과 영향력을 이 지역으로부터 돌려받는다. … 중국의 전략은 … 이들 국가들이 자발적으로 혹은 필요에 의해 다시 한번 중국을 이 지역의 주요행위자로 간주하게끔 영향력을 행사하는 것이다(Swanstrom, 2005: 584).

인정과 투자의 이러한 흥정은 실크로드 경제벨트를 동유럽 심지어 서유럽으로 확장하는 과정에서 훨씬 더 분명히 드러난다. 유럽은 중국의 이웃 지역이라고 하기에는 너무나 멀리 떨어져 있고 유럽연합 국가들은 중국의 경제적 원조를 필요로 하기에는 너무나 부유하다. 그러나 이러한 점들이 중국의 보조금이 제공될 경우 유럽국가가 이를 받아들이는 것을 막지는 못한다. 중국은 실제로 유럽의 거의 모든 국가, 그리고 이에 더하여 EU 자체와 '포괄적인 전략적 동반자 관계'협정을 체결했다. 중국 관영매체가 크게 떠벌리고 있지만 이러한 협정이 실제로 무엇을 의미하는지는 명확하지 않다(Feng and Huang, 2014). 그러나 이러한 파트너십을 통한 모든 보조금이 '중국에서 유럽' 일방향으로 흘러간다는 것은 분명하다. 중국 국영기업은 유럽 전역에 걸쳐 정치적으로 민감한 투자를 해왔다. 중앙아시아에서와 마찬가지로 이러한 거래는 일부 전문가들과 정치인들 사이에 우려를 자아냈다. 그러나 유럽 정부는 중국의 즉각적인 현금보조금과 정치적 인정에 대한 막연한 확신을 기꺼이 교환할 용의가 있음을 입증했다.

장기적인 유럽 인프라 협정에 포함된 중국 보조금이 어느 정도인지 수치화하기 어렵지만, 수송 운영에 포함된 보조금은 어느 정도 투명하다. 산업전문가들은 중국 정부(중앙 및 지역)가 유럽으로 운송되는 컨테이너 비용의 절반 정도를 보조한다고 추정하는데(Farchy, 2016), 여기에는 중국으로 되돌아가는 텅 빈 열차로 인해 발생하는 손실은 포함되지 않는다. 시 주석의 일대일로 전략에 의해 강력하게 추진되고 있지만, 대부분의 상품에 있어 중국에서 유럽으로 가는 철도 연결은 그다지 실용적이지 않다. 2017년 1월 1일에 개통된 상징적인 이우(Yiwu, 義烏)-런던 철도 노선은 관련된 어려움을 잘 보여준다. 중국과 유럽에서는 표준궤간으로 운행하고 구소련 공화국은 광궤로 운행한다. 그리고 영불해협터널(Channel Tunnel)에는 독자적인 별도의 기술적 요구사항이 있기 때문에 이 여행을 완료하려면 4개의 다른 열차가 요구된다. 정치적 이유에 따른 대규모의 보조금이 지원된다 하더라도 대륙 간 철도 노선은 해상운송 화물량의 극히 일부만을 운송할 수 있다. 이러한 연계는 경제적 근거가 없기 때문에 보조금이 철회되는 순간 사라질 가능성이 크다. (러시아는 말할 것도 없이) 유럽 또는 중앙아시아의 어떤 국가도 화물 운송용 유라시아 횡단철도를 개발함에 있어 중국과 공동투자할 의향이 없다는 것은 입증되었다고들 한다.

지난 세기 영국 지리학자 할포드 매킨더(Halford Mackinder,

1904: 434)는 유럽에서 중국 그리고 태평양을 연결하는 '철도가 아시아 전체를 포괄하는 세기가 멀지 않다'라고 예측했다. 그는 중앙아시아를 '곧 철도망으로 뒤덮이게 될' '세계 정치의 추축(樞軸) 지역(pivot region)'으로 묘사하였다. 그는 심지어 ('일본에 의해 체계화된') 중국이 어느 날 러시아를 정복하고 중앙아시아 추축지역에 대한 통제를 통해 세계를 지배할 것이라고 시사했다(Mackinder, 1904: 437). 전략적 사상가 사이에서 매킨더는 늘 인기가 있지만 그의 세기는 왔다가 사라졌고, 중앙아시아는 유라시아라는 '세계-섬'의 '중심지' 위치에 더 이상 가까워지지 않았다(Mackinder, 1919). 중국의 경제지원이 아무리 많아도 중앙아시아를 세계 경제의 새로운 허브로 바꾸어 놓을 수 없으며, 2015년 기준 1인당 GDP 약 8,000달러의 중국이 1인당 GDP 약 32,000달러의 EU에 보조금을 지급한다는 생각 자체가 다소 이상하다고 볼 수밖에 없다. 물론 보조금이 계속해서 흘러 들어가는 한 유럽과 중앙아시아 국가들은 계속해서 굽실거릴 것이다. 그러나 실크로드 경제벨트가 중장기적으로 중국의 지정학적 위치를 어떻게 바꾸어 놓을지는 알기 어렵다.

■ 어디에도 다다르지 않는 길

일대일로 프레임워크의 두 번째 갈래가 첫 번째 발표 이후 한 달만에 공개되었다. 2013년 10월 2일 인도네시아 의회 연설에서 시진핑 중국 국가주석은 동남아시아국가연합(ASEAN) 국가들과 협력하여 '21세기 해상 실크로드'를 건설하겠다고 약속했다. 그가 AIIB의 창설을 처음으로 제안하고 '아세안 국가들의 요구에 우선권을 부여하겠다'라고 제안한 것도 이런 맥락이었다. 그러나 실제로 AIIB의 운용 첫해에 10개 ASEAN 회원국 사이에 2건의 대출만이 이뤄졌고 이 중 인프라와 관련된 것은 단 한 건(미얀마의 발전소)이었다(Hsu, 2017). AIIB 창립기금의 대부분은 파키스탄과 중동의 프로젝트에 돌아갔다. 중국이 남중국해에서 동남아시아의 이웃 국가와 무수히 많은 해양분쟁을 벌이는 점을 고려한다면 이는 아마도 놀랄 일은 아니다(Heydarian, 2015). 캄보디아는 동남아시아 국가 중 유일하게 중국과 우호적 관계를 맺고 있는 국가이지만 심지어 그곳에서도 현지 정치가 우호 관계의 안정성을 위협하고 있다(Hutt, 2016).

2013년부터 중국의 해양 실크로드에 대한 수사는 중동을 넘어 심지어는 아프리카까지 확장되었다. 거의 모든 아프로-유라시아가 일대일로의 우산 아래 놓이게 되었다. 남아시아와 중동에는 다수의 강력한 지역 강국이 존재하고 있기에 해양 실크로드에 있어 아프리카가 특별히 집중공략 대상이 되었다. 중국의 경제외교는 인도, 이란, 사우디아라비아와 같은 국가들의 외교정책을 흔들 만큼 충분한 보상을 제공하지 않는다. 그러나 일부 아프리카 국가에서는 그다지 대단치 않은 금액으로도 상당한 영향을 미칠 수 있다. 게다가 아프리카의 높은 수준의 부패는 중국이 쉽게 바로 이 지역에 접근하는 것을 허용하는 경향이 있다. 2004년 이후 중국은 아프리카 국가에 있어 가장 큰 무역파트너이자 투자와 원조의 가장 큰 원천 중 하나가 되었다(Busse et al., 2016: 233-235). 그것이 아프리카에 어떤 도움이 될지는 미지수다. 부세(Busse et al., 2016: 254,255)는 중국의 수입품이 '(아프리카의) 경제성장에 부정적 영향을 끼칠' 수 있을지 모르겠으나 중국의 원조와 투자가 '아프리카 국가의 경제발전에 큰 역할을 하지는 않을 것 같다'라고 결론지었다.

비록 중국 일대일로의 미사여구가 저개발국가와의 국제협력, 더 나아가 저개발국가와의 거래에 있어 중국의 관대함을 강조함에도 불구하고 중국의 국가지원은 그 적용에 있어 철저하게 현실주의적이다. 본드(Bond, 2010: 18)는 '현지 독재자들의 지지에 힘입어 중국의 역할이 서구 기업들보다 더 약탈적'이라고 말한다. 가난한 나라에 대한 중국의 외국인 직접투자는 거의 전적으로 국영기업들에 의해 주도되며 그 결과 투자와 원조는 불가분의 관계가 있다. 아프리카에 대한 중국의 원조는 중국 국영기업에 있어 중요한 원자재, 특히 석유의 공급원인 국가에 압도적으로 집중되어 있다. 아프리카의 중국 원조 수혜국 상위 5개국은 앙골라, 수단, 가나, 에티오피아, 나이지리아 등이다(Constantaras, 2016). 에티오피아를 제외하고 모든 국가가 주요 석유 수출국이다. 에티오피아에 대한 중국의 원조와 투자는 대륙의 나머지 국가들과는 매우 다르다. 중국은 에티오피아를 아프리카 전체와의 관계를 위한 일종의 교두보이자 결절점(focal point)으로 개발하고자 하는 듯하다(Hackenesh, 2013: 21-25; Hess and Aidoo, 2015: 87-90). 2011년 중국은 에티오피아의 수도 아디스아바바에 아프리카연합을 위한 새로운 상설본부 건물을 기증하기도 하였다.

석유 공급원이라는 것을 제외한다면 중국 외교정책에 있어 아프리카의 전략적 관련성은 낮다(Sun, 2014a: 30). 그럼에도 아프리카 국가들은 중국의 전체 대외 원조의 50% 이상을 받고 있다(Sun, 2014b). 아마도 우연이 아닐 수도 있지만, 아프리카는 중국의 국제관계 전문가들이 중국에 대해 가장 우호적이라고 압도적으로 인식하는 지역이다(Feng and He, 2015: 95-96). 대조적으로 중국과 군사적 충돌에 휘말릴 가능성이 가장 높은 국가들로는 중국의 해양 실크로드의 인접국인 필리핀과 베트남이다. 이들 국가와의 군사적 충돌 가능성은 심지어 일본보다도 높았다(Feng and He, 2015: 95-96). 이러한 수치의 근거가 된 설문조사는 2016년 중국 친화적인 로드리고 두테르테(Rodrigo Duterte)가 필리핀 대통령으로 선출되기 훨씬 전인 2012년에 실시되었다. 또한 남중국해에 대한 중국의 영유권 주장을 인정하지 않은 필리핀에 우호적인 2016년 유엔해양법협약(United Nations Convention on the Law of the Sea, UNCLOS) 판결이 있기도 훨씬 전이다. 당시 지도자의 퍼스낼러티와 무관하게 동남아시아 및 남아시아 대부분의 이웃 국가와 중국과의 관계에 대한 구조적 현실은 진정한 협력을 어렵게 만든다.

15세기 초 명나라의 세력과 위신이 정점에 달했을 때 명(明) 중국은 작금의 해양 실크로드라고 불리는 범위에 이르기까지 조공체계를 확장하려고 하였다. 명나라의 세 번째 황제이자 태조 홍무제의 아들인 영락제(재위 1402-1424년)는 남쪽의 이웃 국가를 평화롭게 놔두고 대신에 국내 가까운 곳에 전력하라는 아버지의 충고를 무시했다(Wang, 1998: 319). 그는 그 유명한 정화의 원정을 명하였고, 일곱 차례에 걸쳐 거대한 '보선(寶船)' 함대가 동남아시아 전역을 거쳐 인도양까지 항해하며 멀리 소말리아로부터도 '조공'을 거두어들였다. 정화의 함대는 (스페인 무적함대와 유사하게) 중무장을 하고, 비록 왕(Wang, 1959: 7)이 '국가 교역'이라는 용어를 선호하였음에도 불구하고 오늘날 우리가 '포함 외교'라고 부름직한 형태의 외교를 수행하였다(Wade, 2005: 51-52). 모든 자료는 정화의 원정이 그다지 수지맞는 사업은 아니었음에 동의한다. 이는 주되게는 국내에서의 황제의 정치적 지위를 옹호하고자 하는 '보편적 정통성에 대한 열망'에 의해 촉발된 것이었다(Wang, 1998: 320). 달리 말해 이는 일종의 경제외교의 한 형태였는데 물론 아마도 21세기적인 것보다는 명백히 강압적이었을 것이다.

해양 실크로드의 '남쪽 대양'에서 현재 중국의 팽창주의는 중무장한 함대를 포함하고 있지는 않다. 그러나 해양 실크로드의 가장 열성적 지지자들이 성장하는 중국 군사력의 범위로부터 안전하게 벗어나 있는 국가들이라는 것은 주목할 만하다. 명나라의 정화 함대와 마찬가지로 21세기 해양 실크로드는 중국이 재정적 인센티브를 지속적으로 제공하고 이 지역의 정부가 이를 기꺼이 수용할 의향이 있는 한에서만 중국의 정통성에 힘을 실어줄 것이다. 결과적으로 볼 때 아프로-유라시아에 있어 중국의 새로운 일대일로 천하는 경제적·정치적 불안정성 모두에 취약하다. 그것은 관련 국가들의 (의식적으로) 상호적 이기심(자기-이익)에 의존하기 때문에 이러한 상호적 이기심이 지속되는 한에서만 유지될 것 같다. 이는 아메리칸 티엔시아의 구조와는 매우 다르다. 미국 또한 아프로-유라시아 전역에 걸쳐 이기적인 동맹국을 가지고 있다는 것은 진실이다. 그러나 이해관계의 수렴도, 떠들썩하게 선전하는 가치의 수렴도 미국 권력의 궁극적 기반은 아니다.

아메리칸 티엔시아의 강점은 국익이 아닌 개인의 이익에 기반을 두고 있다는 것이다. 미국 정책에 대해 전반적으로 적대적인 나라에서조차 개인들은 아메리칸 티엔시아의 선별적 위계에 접근함으로써 혜택을 받는다. 이는 중국 자체 내부뿐만 아니라 모든 일대일로 국가에 걸쳐 개인들에게, 특히 엘리트 개인들에게 적용되는 진실이다.

■ 내부의 미국인

중국이 아프로-유라시아 사람들을 자신의 명분에 끌어들임에 있어 직면하는 어려움은 중국 자체 내부의 보다 큰 시급성을 반영한다. 만약 자오(Zhao, 2015)가 주장하듯이 중국경제외교의 궁극적 목적이 중국 인민 스스로의 눈에 비치는 중국 정부의 정통성을 강화하기 위한 것이라면, 중국이 세계적으로 존중받고 경탄의 대상이 된다는 사실을 정부가 자국민에게 설득하지 못하는 것은 많은 외부적 동기와 연관된 정부의 낭비적 지출보다도 더 큰 문제일지 모른다. 만일 아프리카-유라시아를 넘어 새롭게 부활한 중국천하에 있어 중국이 미래의 중심이 될 궤도에 올라서 있다고 자국의 엘리트들을 설득할 수 있다면, 이들은 시진핑의 '민족을 부흥시키고 인민의 복지를 향상시키는 부유하고 강력한 나라'의 '중국몽'에 투자하도록 설득될 수도 있을 것이다(Ferdinand, 2016: 946). 만약 중국이 자신의 엘리트를 설득하지 못한다면 이들은 자신과 자신의 돈을 다른 관할권으로 옮길 능력이 있다. 자본도피는 확신의 결여에 대한 지표이기도 하지만 또한 자본이탈은 보유 자산을 다양화하려는 정당한 욕구 또는 심지어는 저평가된 통화의 지표가 될 수도 있다. 그러나 이민은 다르다. 비용이 많이 들고 트라우마적이다. 그것은 정체성 변화에 대한 진지하고 여러 세대에 걸친 헌신을 반영한다.

중국의 이민율은 낮지만, 부유하며 숙련되고 교육받은 사람들에게 불균형적으로 편중되어 있다(Xiang, 2016: 3). 미국은 매년 약 7만 명의 중국인 이민자의 영주권을 승인하고 있는데, 이 수준은 지난 10년간 상대적으로 안정적이다(DHS, 2016의 표 10, 또한 이전

연도도 참고함). 여타 앵글로색슨 4개국을 합쳐보면 이들 국가들에서도 비슷한 숫자의 영주권이 승인된다. 따라서 아메리칸 티엔시아의 핵심부로 영구적으로 이민하는 중국 시민의 순수치는, 사실상의 영구적 이주의 효과를 가지는 반복 이민자와 귀국 이민자의 숫자를 고려하면, 아마도 연간 총 10만 명에서 15만 명 사이 어딘가에 위치할 것이다. 그러나 이러한 수치에는 두 가지 심각한 결함이 있다. 첫째 이 수치에는 가족 재결합과 여타 비경제적 경로가 진정한 경제적 이민과 뒤섞여 있다. (그리고 보다 중요한) 두 번째 결함은, 이 수치에는 영구적인 경제적 이주의 장기적인 주요 경로 중 하나가 제외되어 있다. 그것은 바로 원정출산(birth tourism)이다.

모든 앵글로색슨 국가는 자국에서 태어난 거의 모든 이에게 시민권을 부여하는 속지주의(jus soli)의 오래된 전통을 공유한다. 1980년대와 1990년대, 호주, 뉴질랜드, 영국은 이 권리를 주로 시민과 영주권자의 자녀에게로 제한했다. 그러나 미국과 캐나다는 단지 소수의 예외를 제외하고 대부분 속지주의에 기반을 둔 시민권을 지속적으로 인정하고 있다. 이러한 연유로 남부 캘리포니아에 집중되어 있지만, 북미 서해안에서 샌프란시스코, 시애틀과 밴쿠버까지 확대되는 대규모 원정출산 산업이 탄생하였다.

중국인의 원정출산 산업은 특히 미국에서 규모가 크다. 이러한 경향의 기원은 미국시민권과 관련된 높은 명성 또는 이와 연관되어 알려진 혜택일 수도 있다. 그렇지만 급속한 숫자의 증가 이면의 추동력은 의심할 여지 없이 2014년 11월 체결된 미국과 중국의 상호 10년 복수입국비자협정이다. 기존에는 미국을 방문할 때마다 비자 인터뷰가 필요하였고 통상 임신부는 비자가 거부된다고 널리 알려져 있었다. 따라서 중국인 예비 엄마들은 임신이 확인되는 시점과 임신한 사실이 가시적으로 보이는 시점 사이의 짧은 기간에 서둘러 비자를 획득해야 했다. 그러나 이제 중국의 여성들은 20대 초반에 10년 복수입국 관광비자를 취득한 뒤 결혼과 임신을 기다렸다가 별다른 번거로움 없이 오로지 출산을 위해 미국으로 여행 갈 수 있다. 이로 인해 아기들의 미국시민권 획득을 위한 장벽은 극적으로 낮아진다.

따라서 짐작건대 원정출산은 중국인 가족에게 있어 시민권 이동을 위한 주요 수단이 되고 있다. '짐작건대'라고 한 이유는 원정출산의 규모에 대한 확실한 데이터가 없기 때문이다. 입증되지 않은 일화적 증거(anecdotal evidence)에 근거하자면 자녀의 미국시민권 취득이 명백히 목적인 중국인 여성 미국 여행객의 숫자는 2014년 이전의 매년 만 명 이하에서 6만-8만 명 또는 그 이상으로 빠르게 증가했다고 볼 수 있다(Sheehan, 2015). 프로그램 시행 첫해에 (갱신 가능한) 10년짜리 미국 복수입국비자를 승인받은 젊은 중국 여성의 경우 앞으로 최대 25년의 가임기간이 있을 수 있기 때문에 변경된 비자제도의 완전한 효과는 2020년대까지도 완전히 나타나지 않을 수 있다. 중앙집권화된 미국시민권 등록제도가 없는 상태에서 연구자들이 이러한 흐름의 규모를 추산하기는 어렵다. 기술적으로 말해 이러한 것은 이민을 구성하지 않기 때문이다. 그럼에도 불구하고 2030년대 중반 미국 대학에는 이미 미국 시민이기 때문에 졸업 이후 중국으로 돌아갈 필요가 없는 중국인 학생들이 존재할 것이다.

원정출산은 미국 중심의 아메리칸 티엔시아 내에서 엘리트 중국인 가족들이 자신의 입지를 한 단계 높이는 주요 통로가 될 전망이다. 〈표 3.1〉은 중국에서 아메리칸 티엔시아의 핵심부 5개 앵글로색슨 국가로의 3가지 주요한 경제적 이민 흐름의 추정치를 보여준다. 그것은 원정출산, 투자자 비자, 숙련 이민이다. 이 중 원정출산은 캐나다와 미국과만 관련되는데 이러한 흐름에 대해 활용 가능한 공식 데이터가 없기 때문에 입증되지 않은 증거에 전적으로 의지한 뉴스 보도 등에 기반을 두고 그 규모를 추정하였다. 예를 들어, 쉬한(Sheehan, 2015)과 여타 많은 출처에서 보고된 2015년 6만 명이라는 수치(2016년에는 80,000명으로 증가)는 중국원정출산사업회(Chinese birth tourism trade association) 브로셔가 출처다. 이러한 '데이터'가 지닌 자기 참조적인 특성에 대한 풍문을 고려한다면 〈표 3.1〉의 원정출산 추정치에 대한 출처를 인용하는 것은 의미가 없다. 활용 가능한 자료를 기반으로 한 최선의 추측을 표현했다고 하면 충분할 듯하다. 나머지 두 가지 유입 경로에 대한 데이터는 공식적인 정부 출처에서 가져온 것이다. 데이터가 모호하거나 전년 대비 변동성이 큰 경우 대략적인 범위만을 제시한다.

표 3.1. 앵글로색슨 나라에 정박하는 중국인 가족 연평균 추정치(단위: 천)

유입 경로	호주	캐나다	뉴질랜드	영국	미국
원정출산	N/A	1	N/A	N/A	10-80
투자자 비자	미미	2	미미	미미	9
숙련 이주	17	10-15	2	5-10	20
합계	20	15	2	8	75

원정출산은 가족 성원 중 한 명이 비(非)중국 시민권을 획득함으로써 미국(또는 캐나다)에 한 가족이 '정박(anchor)'할 수 있는 잠재력을 가지게 한다. 비정상적으로 낮은 중국의 출산율을 고려하면 많은 경우 이 한 명의 정박용 아기(anchor baby)는 2명의 부모와 4명의 조부모 전체의 유산을 나타낸다고도 볼 수 있다. 투자자 및 숙련(기술) 이민은 동일한 종류의 해외 정박(foreign anchor)을 달성하기 위한 더 오래되고 보다 잘 확립된 통로다. 투자자 비자의 소지자는 가족 구성원이 숙련 이주의 경로를 따라 자신의 사업영역에서 일할 수 있도록 후원할 수 있다. 반면 영주권을 가진 숙련 이민자의 자녀는 앵글로색슨 5개국 모두에서 시민권을 받을 수 있다.

이 모든 유입 경로는 결국 앵커(정박용 아기)의 수보다 훨씬 더 많은 이들이 중국으로부터 이주하는 결과를 초래하겠지만, 정치 경제적 견지에서 볼 때 중요한 것은 앵커의 수다. 2010년대 중반 어느 해이든 5개국의 3가지 경로 모두에 걸쳐 생겨난 가족용 정박아(family anchor)의 총수는 대략 12만 명에 이를 것으로 보인다. 그리고 이들 정박용 아기 한명 한명이 개혁개방 이후 여러 세대에 걸친 누적된 가족의 부(富)를 표현하고 있다고 가정해보자. 그러한 부의 소유자의 이민이 뜻하는 바는 중국경제에 있어 중국 시민으로부터 미국 시민으로의 소유권 이전의 총량이 현재 중국으로부터의 자본 도피 수준에 필적할 수도 있다는 것이다. 가족당 백만 달러라고 가정하면 그 부의 소유자가 이민함으로써 연간 1,200억 달러가 암묵적으로 이전된다. 가족당 천만 달러라고 하면 이론상 금액은 1조 2천억 달러로 증가한다.

중국의 경제적 이민의 수준은 2010년대 내내 서서히 증가하였지만 그 흐름의 구성과 대상 국가는 급속하게 변화하고 있다. 숙련 이주는 5개국 모두 연간 대략 7만 명으로 비교적 안정적이다. 반면 투자자 비자의 경우 호주, 캐나다, 뉴질랜드, 영국 등에서 프로그램을 엄격하게 제한하면서 급격히 감소했다. 미국의 투자자 비자프로그램은 (모든 국적에 대해) 연간 선착순 일만 명으로 제한하고 있는데 그 결과 이미 8년 치의 대기자 명단이 있다.

나머지 두 개의 경로가 안정적이거나 쇠퇴하고 있는 상황에서 중국으로부터의 경제적 이주의 미래는 원정출산에 있으며 원정출산의 확실한 최우선 목적지는 미국이다. 미국 시민권을 가진 아이를 출산하려는 중국인 숫자의 상한선은 뚜렷하지 않다. 다만 미국시민을 낳는데 있어 장벽은 주로 재정적 문제다. 미국에서 출산하는데 드는 일회성 비용에 더하여 미국 시민권자 자녀는 반드시 중국의 사립 국제학교에서 교육을 받아야 한다. 이러한 비용이 총 숫자를 제한하지만 동시에 말하자면 '품질'도 보장한다. 중국의 원정출산이 엘리트 위주로 이루어진다는 사실은 미국에서의 정치적 반격의 가능성을 줄인다. 이는 또한 부의 이전의 총합이 믿기 어려울 정도로 클지도 모른다는 것을 동시에 의미한다.

중국에서 미국으로 이루어지는 가족 금융의 대탈출(exodus)과 다소 유사한 최근의 역사적 사례가 하나 있다. 그것은 런던으로 몰려든 탈소련(Post-Soviet) 러시아인의 유입이다. 소련이 해체된 이후 사반세기 동안 런던은 이러한 러시아 부(富)의 쇄도로 인해 변모하였다. 사람들은 농담 삼아 이를 '런던그라드(Londongrad)' 또는 '템스강변의 모스크바(Moscow-on-Thames)'라고 부르기도 했다(Hopkin and Blyth, 2014). 중국의 인구와 부는 글자 그대로 러시아보다 훨씬 방대하다. 만약 중국의 포스트-공산주의 엘리트들이 러시아 엘리트가 그러했듯이 동일한 규모 정도로 중국 정부와 사이가 틀어진다면 그것은 기이한 역사적 눈사태 정도에 그치지 않을 것이다. 그것은 전례 없이 큰 규모의 거대한 슬로-모션의 정치 경제적 해일이 될 것이다.

물론 이 해일의 이상한 점은 해안에 도착할 때까지 거의 감지할 수 없다는 것이다. 이것은 이미 넓고 깊게 움직이고 있을지 모르나 다만 대부분 표면 아래에 가라앉아 있다. 만일 그것이 결국 터져 나올 때면 캘리차이나(Calichina)는 런던그라드를 한낱 해변에서의 하루처럼(한낱 장난처럼) 느껴지게 할 것이다. 진짜 새로운 실크로드, 사람들이 정말로 여행하고 싶어 하는 곳, 그리고 정말로 큰돈을 만질 수 있는 곳, 그 끝은 실리콘밸리에 닿아 있다. 유라시아는 설령 한때 그러한 적이 있었다 하더라도, 전 세계 경제의 '심장부'가 아니다. 21세기 디지털 경제의 갈림길은, 결국 그것이 어딘가에 있다면, 캘리차이나에 있을 가능성이 높다.

4

역사의 휴지기

The hiatus of history

흔히 20세기를 미국의 세기라고 한다. 이러한 생각을 널리 퍼뜨린 사람은 헨리 루스(Henry Luce)였다. 라이프지의 발행인으로서 그는 미국인에게, 히틀러와의 싸움에 동참하는 것을 통해 자신이 보기에 '세계에서 지도력을 발휘할 호기에 올라서야 하는' 미국인의 역사적 사명을 성취하기를 촉구하였다(Luce, 1941: 63). 루스에 따르면, 미국의 세기는 제2차 세계대전이 끝난 시점에서 시작된 것이 아니다. 나이(Nye, 2017: 11-12)가 상기하였듯이, 미국의 전후 지배력에 대한 통상적 설명은 대단히 과장되었다. 그러나 찰스 비어드(Charles Beard, 1922)와 러셀 부처(Bertrand and Dora Russel, 1923)와 마찬가지로 헨리 루스에게 있어서도 그러한 의미가 아니다. 미국의 세기는 세기 중반이 아닌 20세기 초에 이미 시작되었던 것이다. 제1차 세계대전이 끝난 1919년 미국은 '역사상 유례가 없는 세계의 지도자가 될 수 있는 절호의 기회, 즉 흔히들 말하는 은쟁반 위에 올려져 우리에게 건네진 절호의 기회'를 놓쳤다고 루스는 말했다(Luce, 1941: 64).

루스(Luce)가 20세기를 미국의 세기로 부른 것은 잘 기억되겠지만 그가 20세기를 '첫 번째' 미국의 세기라고 부른 것은 잘 기억되지 않는다(Luce, 1941: 64-65). 루스는 그것이 마지막이 아닐 것이라고 강력하게 암시했다. (미국) 쇠퇴론은 미국의 국제관계에 대한 기존 학계 구성원들 사이에 반복되는 주제이지만 루스의 관점을 공유하는 사람도 일부 있다. 나이(Nye, 2015)는 그의 책 제목 『미국의 세기는 끝났는가』에서 루스를 매우 직접적으로 언급한다. 그리고 『미국의 세기는 끝났는가』에 대한 그의 대답은 '아니오'다. 전세계적 지도력의 경제적 · 정치적 · 군사적 · 문화적 측면의 많은 부분을 고려하면서 그는 '미국의 세기는 끝나지 않았다…우리는 포스트-아메리카 세계에 진입하지 않았다'라고 말한다(Nye, 2015: 125). 월포스(Wohlforth, 1999: 37)는 선견지명을 가지고 이미 20여 년 전에 이러한 결론에 도달했다. 그는 '단극성(unipolarity)은 어떤 [순간]이 아니다. 그것은 수십 년 동안 지속될 잠재력을 가진 세계 정치의 물질적 조건을 깊이 배태하고 있다'라고 인식하고 있었다.

월포스(Wohlforth, 1999: 39)는 이러한 단극 시대를 '팍스 아메리카나'라고 부르면서 그것이 19세기 팍스 브리태니카 시절보다도 더 세계적이고 훨씬 더 평화롭다고 강조한다. 그리고 여기서 평화는 적어도 국제적 관점에서 볼 때 그렇다. 오늘날 전 세계에서 벌어지고 있는 매우 가시적이고 고통스러울 정도로 폭력적인 갈등의 대부분은 영토 획득을 목적으로 하는 국제전이 아니다. 그것들은 내전, 또는 내전에 대한 개입 혹은 정부를 바꾸기 위한 개입이다. 그런데 월포스는 팍스 아메리카나의 잠재적 미래 수명을 '수십 년'이라고 내다본다. 그러면 '수 세기'는 안 될 이유가 있을까? 어찌 되었든 팍스의 원조격인 로마는 적어도 두 세기 동안 지속되었고 만일 내전을 무시한다면 대략 5세기는 지속되었다고도 할 수 있다. 명천하(明天下)는 약 300년간 지속되었고 뒤이은 청나라(1644-1911)의 조공체제는 유럽의 침입으로 인해 체제가 불안정해지기 전 이전까지 200년 동안 순조롭게 작동하였다. 아메리칸 티엔시아라고 해서 달라져야 할 이유가 있는가?

여기서 쟁점은 체이스-던(Chase-Dunn, 1998: 321-322)이 '시간 단위의 폭'*이라고 부른 것이다. 의미 있는 예측을 위해서는 시간 단위의 적절한 폭을 찾는 것이 중요하다. 대부분 사회과학자는 인식론적 헌신 때문인지 아니면 단순히 틀렸다고 증명되었을 때의 두려움으로 인해서인지 예측하기를 주저한다. 예를 들어 2020년대에는 중국과 인도가 세계에서 가장 인구가 많은 국가가 될 것이 확실하며

---

* 시간 단위의 폭(the width of time point): 직역하면 시점(時點)의 폭이 되겠으나 시점을 통해 측정되는 단위를 의미하기 때문에 시간 단위의 폭으로 옮김.

그 10년 전후로 인도가 중국을 추월할 것이다(UNPD, 2015). 인구 예측은 반세기 또는 그 이상의 시간 척도에 걸쳐서도 가능하다. 왜냐하면 설령 인구통계가 연간 단위의 수치로 보고된다 하더라도 인구 예측과 관련된 적절한 시점의 폭은 훨씬 크기 때문이다. 미국은 10년에 한 번만 전체 인구조사를 실시하는데, 이는 보다 세분화된 인구 수치가 실제로는 유용하지 않기 때문이다. 10년은 인구를 이해하기에 충분한 시간 단위다.

정치체제는 인구보다도 훨씬 더 느리게 변화한다. 베스트팔렌 국가 간 체제는 1640년대부터 1940년대까지 지속되었고 1940년대 그 시점에 새로운 현실의 압력에 의해 붕괴되었다. 새로운 현실이란 미국의 세계패권으로의 부상이다. 루스(Luce), 비어드(Beard), 러셀(Russell) 그리고 다른 많은 이들이 당시에 깨달았듯 미국은 20세기 전반에 이미 지배적 국가였다. 다만 미국이 국제관계의 영역에서 그 지배력을 운용하지 않기로 선택했을 뿐이다. 루스(1941: 65)는 '미국 재즈, 할리우드 영화, 미국 속어, 미국 기계 및 특허품'의 세계 지배력을 인용하면서, 미국이 '이미 세계의 지적, 과학적, 예술적 수도'라고 주장하였다. 그는 또한 미국은 세계의 돈줄을 쥐고 있다고 강하게 암시했다. 19세기 후반부터 미국은 세계 최대의 경제 대국이었던 것이다. 구매력평가지수를 교정할 경우 오늘날에도 중국은 단지 인구가 4배 이상 많은 미국의 경제적 동료 중 하나에 불과하다.

'시간 단위의 폭'에 대한 문제를 은연중에 인식하고 있었기에 브

룩스와 월포스(Brooks and Wohlforth, 2016b: 33)는 '경제적 동등성과 초강대국 지위에 대한 신뢰할 수 있는 점수 사이의 격차는 수십 년에 걸쳐 측정되어야 한다'라고 주장한다. 설령 그렇다 해도 이들의 모형은 중국이 곧 경제적으로 미국과 대등해질 것이라고 가정한다. 그들은 전세계적 지도력을 위한 중국의 기술적 역량에 대해 회의적이면서도 '오늘날의 단일-초강대국 체제의 긴 수명'에 대해서는 과소평가한다. 이는 그들이 경제적으로 중국이 미국에 수렴해 갈 것이라는 당연시되는 중론을 따르기 때문이다. 미래 중국의 경제력에 대한 예측은 통상 미국 인구의 4배에 달하는 나라를 그대로 유지하는 동시에 1인당 경제력 관련 지표도 계속해서 성장할 것이라고 가정하고 있다. 그러나 경제는 경제이고 인구는 인구다. 중국이 계속해서 부유해지든 아니든 중국(인구)은 확실히 작아질 것이고 훨씬 더 작아질 것이다.

중국경제의 미래에 대한 기계적인 희망 사항은 전혀 새로운 바가 없다. 이미 2001년 옌쉐퉁(Yan Xuetong)은 다가올 중국의 세계지배에 대한 매력적이고 직접적인 이론을 제시하였다.

중국 정부는 2050년까지 중국을 선진국으로 만들 계획이다. 중국의 생활 수준이 유럽연합(EU)을 따라잡을 경우, 중국의 경제 규모는 EU GDP의 3.2배에 달할 것인데 왜냐하면 중국의 인구가 3.2배 더 크기 때문이다. [...] EU의 3.2배 경제는 EU, 미국, 일본의 총 GDP를 합친 것보다 1.4배 더 큰 경제를 의미한다(Yan, 2001: 38).

그런 장밋빛 시나리오는 중국의 한자녀 현실을 무시한다. 공식 데이터에 기반하여 살펴보면 중국의 인구는 2026년에 14억 명을 약간 넘기며 정점에 도달하고 이후 급격히 감소하기 시작할 것이다(Census Bureau, 2017). 따라서 2050년까지 중국 인구는 13억 명 정도가 될 것이라고 예상된다. 이에 비해 미국의 인구는 4억 명이고 아메리칸 티엔시아의 앵글로색슨 중심부의 전체 인구는 거의 5억5천만 명에 달할 것으로 보인다. 그러나 이러한 수치는 세 가지 문제적인 가정에 기초하고 있다. 첫째, 중국의 공식 출산율인 여성 1인당 1.7명은 실제로 정확한 수치다. 둘째, 향후 40년간 중국의 출산율은 1.6명을 유지할 것이다. 셋째, 출생 시 중국의 성비는 오늘날의 병적인 여아 100명당 남아 110명(Huang et al., 2016)에서 보다 정상적인 여아 100명당 남아 106명(대부분의 서구 국가의 경우 105명)으로 급격히 하락할 것이다. 이 세 가지 가정 중 첫 번째는 거의 확실히 잘못되었고, 두 번째는 의심스러우며 세 번째는 예측 불가능하다.

미국 인구조사국(The US Census Bureau), 유엔 인구부(UN Population Division)와 기타 공식 기관에서는 중국의 공식통계를 기반으로 예측한다. 서서히 늘어나는 기대수명과 무시할 만한 수준의 순 이주는 그렇다고 치더라도, 2050년 13억이라는 중국의 인구에 대한 예측에서 주요 미지수는 출산율이다. 중국의 공식 데이터에 따르면 총출생률은 1.7명이며, 미국 인구조사국은 인구모형에서 다소 수정된 가정을 적절히 활용하여 1.6명을 제시한다. 그러나 중국의 공식 국영방송이 취재할 정도로 지지를 받은 중국사회과학원의 보고서는 출산율이 1.4명이라고 발표했다(CGTN, 2015). 중국 당국의 공식 출생 데이터에 기초하여 계산해보면 실제 수치는 2014년 1.2명, 2015년에는 아마도 1.05명으로 떨어졌을 것이다(Babones, 2015c; Huang, 2016). 이러한 수치에는 둘째를 출생신고하지 않음으로 발생하는 다소간의 하향 편향을 포함할 수도 있지만 그러한 영향은 미미할 것이다(Huang et al., 2016).

중국의 실제 출산율이 인구조사국이 가정한 1.6명이 아니라 1.2명 정도라면 현재와 미래의 출산 코호트는 모형화된 것보다 약 25% 정도 작을 것이다. 만약 중국의 부모들이 계속해서 남자아이를 선택한다면 여성 코호트는 더 작아지기 때문에 기존의 낮은 출산율은 더욱 악화될 것이다. 이러한 출산율 추세를 기반으로 2100년까지 추정해보면 21세기 말 중국의 인구는 6억 명 미만이 될 것이다(People's Daily, 2016). 이러한 추정은 비현실적이지 않다. 사실 중국보다 부유한 모든 동아시아 인접국들은 비슷한 수준의 낮은 출산율을 기록하고 있다(Raymo et al., 2015). 앵글로색슨 5개국의 경우 대체출산율과 꾸준한 이민으로 인해 중국과 거의 같은 인구 수준으로 증가할 것으로 예상된다(Raymo et al., 2015). 이 두 추세를 교차하면 주목할 만한 시나리오가 만들어진다. 즉 2100년 중국의 인구는 아메리칸 티엔시아의 앵글로색슨 핵심부의 인구와 대략 같을 것이다(또는 더 적을 수도 있다).

그렇게 긴 시간 척도의 인구 예측은 액면 그대로 받아들이기에는 너무 많은 불확실성이 수반되지만 이러한 연습문제는 시사적이다. 만일 앵글로색슨 국가들이 2100년까지 인구 측면에서 중국을 추월할 것이라고 확실히 결론 내리는 것이 부적절하다면 마찬가지로 중국이 대규모의 인구학적 우위를 유지할 것이라고 가정하는 것도 부적절하다. 오랫동안 형성된 모든 앵글로색슨 국가로의 이주 경향과 동아시아 모든 국가의 낮은 출산율을 고려한다면 그럴싸한 균형점이 2100년까지는 아니더라도 그 이후 조만간 인구학적으로 동등해질 것이라는 시나리오가 강한 설득력을 얻는다. 중국이 1인당 GDP에서 미국을 따라잡지 못한다고 가정하면(미국 1인당 GDP를 따라잡는 것은 지금까지 한국(49%)도, 일본(58%)도 이루지 못한 업적이다) 중국은 금세기 중반까지 그저 상상 가능한 글로벌 도전자로 밀려날 것이다.

21세기 중반까지 중국의 경제는 오늘날보다 (미국에 비해 상대적으로) 더 작아질 것이고 그리고 세기말 중국의 상대적 위축은 거의 확실하다. 게다가 스타즈(Starrs, 2013)가 기록했듯이 중국경제의 상당 부분은 중국의 것이 전혀 아니다. 이는 특히 기술적으로 선도적인 분야에 해당하는데, 이들 분야의 많은 부분은 미국 기업이 지배하는 글로벌가치사슬에 포함된 것이다(Brooks and Wohlforth,

2016a: 38-44). 다른 관련 요소들은 인구학적 측면보다 훨씬 더 긴 시간 척도에서 작용한다. 예를 들어 중국 지리의 구조적 특징은 미국과는 달리, 크고, 경계심이 많으며 잠재적으로는 적대적인 이웃 국가들에 둘러싸여 있다(Chen and Pan, 2011: 80-82). 간단히 말해 중국이 미국의 동료경쟁자가 되는 길은 매우 어렵고 중국이외의 또다른 잠재적 경쟁자를 찾아내는 것은 훨씬 더 어려운 일이다. 그러나 만약 아메리칸 티엔시아의 논지가 맞다면 경쟁은 논점이 아니다. 글로벌가치사슬에 고용된 사람, 대학 학위를 따려는 사람, 또는 미국 그린카드 추첨장에 입장하려는(영주권을 획득하려는) 사람 모두가 아메리칸 티엔시아의 일부다. 유럽식 교육이 자신들의 자녀를 세계의 엘리트 노동시장에 진입시킬 수 있을 것으로 믿는 아프리카 및 중동에서 유럽으로 온 이민자들 또한 아메리칸 티엔시아의 일부다. 중국에서 증가하고 있는 미국 아기는 궁극적으로 미국으로 이주하든 하지 않든 아메리칸 티엔시아의 회원이 될 운명임이 틀림없다. 매년 최대 십만 명의 중국 아기가 미국 시민으로 태어나기 때문에 원정출산은 결과적으로 수백만 명의 새로운 중국계 미국인 엘리트를 탄생시킨다. 21세기는 정말로 중국인의 세기로 판명될 수도 있지만, 설령 그렇다 하더라도 중국의 세기는 아닐 것이다. 싱가포르든 대만이든, 캐나다든 아니면 갈수록 증대하는 미국이든, 해외 중국 인민의 세기가 될 것이다. 그리고 어느 날 캘리차이나는 아메리칸 티엔시아의 가장 중요한 중심지로 등장할지 모른다.

■ 사회적 사실로서의 아메리칸 티엔시아

위대한 국가철학자 게오르그 헤겔(Georg Hegel)은 '세계사는 자유 정신(Idea of Freedom)의 전개에 다름 아니다'라고 주장했다(Hegel, 1861: 476). 프란시스 후쿠야마(Francis Fukuyama)는 1989년 '역사의 종언*에서 자유를 발견한 것으로 유명하다. 약 30년이 지난 지금 후쿠야마가 천안문 사건 이전, 베를린 장벽 붕괴 이전, 그리고 소비에트의 해체 훨씬 이전에 역사의 종언을 호출하였다는 것은 되새

---

* 역사의 종언(the end of history): 헤겔에게 있어 역사는 정신이 자신을 해방시키고 도야하여 자기를 인식하고 자기의식적 정신으로 완성해가는 과정이며, 그 본질과 실체는 자유다. 세계사는 자유가 확산되고 실현되는 과정 또는 정신이 자유를 통해 자기를 실현하고 전개해가는 구체적 현실태다. 본문의 프란시스 후쿠야마(Francis Fukuyama)의 'the end of history'와 관련하여 말하자면, 자연의 왕국이든, 정신의 왕국이든 헤겔에게 그 모든 과정은 정신의 자기 전개이자 실현이기 때문에 목적론이라고 비판할 수는 있지만 종말론은 아니다(물론 역사의 종착역에서 느끼는 '권태' 같은 것일 수는 있다). 달리 말해 헤겔 철학은 정신의 자기 전개의 완성으로서 '목적'이 그(여기서는 역사 또는 세계사) 끝에 있을 수 있지만 종말은 아니다. 그 끝에 무언가 있다면 세계정신의 구현체가 있을 것이다. 세계사는 역사의 목적을 향한 세계정신의 이성적이고 필연적인 도정이며, 헤겔에게 있어 세계정신은 서로 경쟁하고 반목하는 개인들의 의식과 민족정신의 배후에서 인간의 자각된 보편적 자유의 실현이라는 자신의 목적을 관철시킨다. 여기서 작용하는 것이 이성의 간지다. 따라서 여기서는 후쿠야마의 'the end of history'를 '역사의 종언'이란 통상적 번역 외에 역사의 목적, 종착지(역), 끝 등으로 문맥에 따라 번역한다. 덧붙이자면 헤겔에게 있어 역사의 종착역에 있는 것은 아마도 역사에 등장한 수많은 개인과 민족의 역할을 심판하는 '세계사의 법정'일 것이다.

길 만한 가치가 있다. 그러하였음에도 후쿠야마는 다음과 같이 인식했다.

우리가 목도하고 있는 것은 단순히 냉전의 종식, 또는 전후 역사에 있어서 특정 시기를 통과하는 것이 아니라 역사 자체의 종언이다. 즉 인류의 이데올로기적 진화의 종착점 그리고 인간 정부의 최종 형태로서의 서구 자유민주주의의 보편화다(Fukuyama, 1989: 4).

지적 세계의 열렬한 포옹과 함께 동시에 쏟아진 비난에 화들짝 놀란 듯 후쿠야마는 자신의 주장은 그저 (실증적인 것이 아닌) 규범적인 것이라고 주장하며 이내 역사의 종언이란 논지를 거두어들이기 시작했다(Fukuyama, 1995). 그는 '잠정적으로 자유민주주의는 경쟁자들보다 영혼(soul)의 상이한 부분을 보다 완벽하게 충족시킨다. 그러나 우리는 영혼이 존재하는지 그리고 만약 그렇다면 무엇으로 구성되어 있는지 알아야만 한다'(Fukuyana, 1995: 43)고 결론 내리면서 '자유민주주의가 좋은 것인지' 아닌지에 대해 그리고 이어서 후쿠야마는 '비관적이 되는 것 외에는 어떤 것도 불가능하다'라고 선언한다.

이것은 '대규모 분쟁에는 여전히 역사의 손아귀에 사로잡힌 대국(大國)들이 반드시 포함되어야 하며 그리고 나서 이들은 그러한 장면에서 사라지는 것처럼 보인다'라고 했던 그의 초기의 실용주의

적 주장과는 거리가 있다(Fukuyama, 1989: 18). 후쿠야마는 1989
년 스스로 '슬프다'라고 고백했다. 그러나 이는 단지 위대한 인간들
이 싸워야 할 더 큰 어떠한 대의도 없다며 슬퍼했던 프리드리히 니
체(Friedrich Nietzsche)와 레오 스트라우스(Leo Strauss)를 따라
했을 뿐이다. 물론 아무런 이유도 없이 후쿠야마(1992)가 자신
의 저서명을 『역사의 종언과 최후의 인간』으로 확장한 것은 아니
다. '최후의 인간'이란 초인의 안티테제로, 안락하고 만족하며 배부
른 자에 대한 니체의 경멸적 용어다. 후쿠야마의 비관론이 자유민
주주의적 전망에 대한 비관론은 아니다. 그것은 삶 그 자체에 대한
비관주의다.

그의 1989년 논문과 1992년 저서에서 후쿠야마는 헤겔의 역사의
종언을 '보편적 동질국가(또는 동질적 국가)'*와 동일시하였다. 그는

---

* 보편적 동질국가 또는 동질적 국가(universal homogeneous[or homogenous] state):
  『정신현상학』은 헤겔의 예나 시대 주제로서 나폴레옹 군대가 입성한 1806년 어느
  날 심야에 탈고되어 1807년 출판되었다. 그는 나폴레옹에게서 자유를 구현하는 절
  대정신이자 세계정신을 목도한다. 헤겔의 『역사철학』이 정신의 자기 전개와 실현
  을 통시적으로 살펴본다면 헤겔의 『법철학』은 이를 사회적 실체 속에서 공시적으
  로 살펴본다고 할 수 있다. 알렉상드르 코제브(Alexander Kojeve)는 1930년대 파리
  에서 헤겔의 『정신현상학』을 강의했는데 그의 헤겔 해석은 프랑스 지성사에 큰 영
  향을 끼쳤다. 그는 하이데거와 마르크스의 렌즈를 통해 정신현상학에서 개진된 의
  식에 대한 역사주의적·실존주의적 해석을 제시하였으며 역사의 도도한 전개를 설
  명하기 위해 정신현상학의 '주인-노예 변증법'을 가져온다. 그의 주인-노예 변증법
  은 주인과 노예의 상호적 부정성이라기보다는 각자의 자기 극복을 통한 상호인정
  이다. 코제브에게 있어 이러한 변증법을 통해 전개되는 역사의 목적은 모든 개인이

이를 '경제적 측면에서 VCR과 스테레오에 대한 손쉬운 접근과 결합된 정치적 영역의 자유민주주의'라고 정의한다(Fukuyama, 1989: 8). 미래학자로서 후쿠야마의 명백한 단점은 차치하고 이 공식은 당대(當代)의 시대정신(zeitgeist)을 포착하고 있는가? 자유주의는 그렇다. 그리고 소비재는 확실하다. 그러나 민주주의는? 만약 자유민주주의가 역사의 종착역이라면, 민주적 민족국가도 역사의 종착역이다. 왜냐하면 오직 민족국가(또는 이에 근접한 실체)만이 민주적인 것으로 알려져 있기 때문이다. 이것이 러시아 국가가 옹호하는

동등하게 (상호) 인정되는 것이며 또한 결핍으로부터의 자유를 가져오는 물질적 생산능력의 해방 속에 이루어질 수 있다. 이로부터 인류적 공동체인 국가의 완성(the end of state)으로서 보편적 동질국가가 제시되는 한편, 생산력의 해방이라는 측면에서 자본주의가 역사의 목적으로 제시되는 근거가 된다. 이와 더불어 코제브는 후쿠야마와 달리 역사의 종언에 위치한 진정한 인간의 종말로서 인간의 '동물화'의 단초를 제공한다. 코제브의 헤겔 강의는 레이몽드 아롱(Raymond Aron)이 『헤겔 독해 입문: 정신현상학 강의』로 편집하여 1947년 출판하였다. 후쿠야마는 레오 스트라우스(Leo Strauss)의 제자였던 알랜 블룸(Allan Bloom)의 제자였고, 스트라우스는 블룸을 1960년대 파리에서 코제브와 함께 공부하도록 주선하였다. 이러한 연유로 후쿠야마가 자본주의와 자유민주주의의 세계적 승리에서 역사의 종언을 찾았다고 선언한 것은 코제브의 명제를 계승하여 제시한 것이라고도 볼 수 있다. 그러나 저자는 코제브의 보편적 동질국가를 헤겔적 의미의 자유의 실현(이성의 자기실현)으로서의 인류적 공동체로 파악하기 때문에 후쿠야마의 자유민주주의에서 '민주주의'가 불필요하다고 비판하며 이를 '개인주의'로 대체한다. 다만 코제브의 논의에 따라 생산력의 해방으로서의 소비재(자본주의)는 인정한다. 여기서 우리는 '개인주의'가 '자유주의'가 아니라 소비재와 결합되는 '코제브적 가능성'(역사의 종언 이후 인간의 동물화)도 있음을 고려해야 한다.

'주권 민주주의'라는 (대외) 원칙의 배후에 놓여 있는 논거다. 그러나 습관적 관성이 아니라면 민주주의를 역사의 종착지에 있는 보편적 동질국가의 규정적 특성이라고 가정할 만한 이유가 있을까?

민주주의는 지금보다 1989년에 더 인기가 있었을지도 모른다. 오늘날 많은 자유주의 국제주의자들은 인민주의를 비난하고, 대부분은 또한 브렉시트 국민투표 결과를 매도하며, 그리고 거의 모두가 도널드 트럼프의 대통령직 수행에 대해 비난한다. 민주주의는 항상 자유주의적인 것은 아니다. 많은 이들이 민주주의는 좋은 것이라 믿고 있고, 또한 정당한 이유에서 믿고 있다. 그러나 이것이 진정 역사의 목적의 일부인가?

후쿠야마의 보편적 동질국가는 헤겔에서 직접 유래한 것이 아니라, 헤겔의 위대한 20세기 해석자인 알렉상드르 코제브(Alexander Kojeve)에서 온 것이다. 코제브(1969: 95)는 보편적 국가란 '확장 불가능한' 국가이며 동질적인 국가는 변증법적 의미에서 '변형 불가능한' 국가, 또는 좀 더 단순한 용어로(Kojeve, 1969: 90) '내적 모순이 없는 국가 달리 말해 계급투쟁 등등에서 자유로운 국가'라고 분명히 설명하고 있다. 어디에서도 코제브는 민주주의를 언급하지 않는다. 사실 보편적이고 동질적인 국가에 대한 그의 모델은 나폴레옹의 제국이었다(Kojeve, 1969: 69). 후쿠야마가 미국의 대외강경론자(맹목적 애국주의자)라는 인식과는 대조적으로 그가 제시하는 보편적이고 동질적인 국가의 모형은 그저 약간 더 민주적인 유럽연합이다(Fukuyama, 2007). 그리고 모든 사람이 헤겔 자신은 확실히 민주주의자는 아니라는 점에 동의한다.

민주주의는 차치하고 보편적 동질국가의 수수께끼는 단일민족국가 내에서 어떻게 보편적일 수 있느냐 하는 것이다. 명천하(明天下)와 아메리칸 티엔시아 모두 자신의 관점에서는 보편적이지만 양자 모두 민족국가는 아니다. 다만 아메리칸 티엔시아는 어떤 면에서 보더라도 보편적이다. 또한 적어도 코제브의 제한적 용어 사용법에서 볼 때 미국은 동질적이다. 아메리칸 티엔시아는 거대한 불평등을 포함하지만 미국의 정치적 삶을 규정하는 특징은 항상 강력한 계급 정체성이 결여되어 있다는 점이었다. 오늘날 세계에 엄청난 불평등이 있음에도 불구하고 그러한 것들이 계급을 축으로 배치되지 않는다는 점에서 계급의 부재는 아메리칸 티엔시아의 한층 더 큰 특징이다. 불평등은 무수히 많은 개인적 요소(시민권, 산업, 재능, 교육, 등)에 의해 추동되고, 그러한 것들의 개인성은 계급의 안티테제다. 70억 개의 '내부 모순'이 있거나 혹은 전혀 없다. 따라서 적어도 아메리칸 티엔시아에는 헤겔식의 주인과 노예의 변증법이 존재하지 않기 때문에 체제의 변화를 이끌 법한 그 어떤 것도 존재하지 않는다.

아메리칸 티엔시아는 후쿠야마가 찾고는 있었으나 역사의 종착지에서 결코 발견하지는 못한 보편적 동질국가다. 그것이 규정하는 자유주의 이데올로기는 명나라의 국가 유교주의보다 더 광범위하고 보다 보편적이며 그리고 (이렇게도 말할 수 있는데) 더 매력적이다. 명(明) 중국은 통치 사상(governing ideas)을 수출했던 반면, 미국은 통치 이상(governing ideals)을 수출한다. 아메리칸 티엔시아는 완전한 국가는 아니지만 국가의 속성을 가지고 있으며, 일종의 국가 내에 존재하는 글로벌국가이고 동시에 마음 속의 국가다. 중심국가(central state) 없이 아메리칸 티엔시아와 같은 중심국가체제를 갖추는 것은 불가능하겠지만 체제 자체는 중심국가보다 훨씬 크다. 사람들이 세계적 탁월성의 위계 내에서 성공을 추구하는 어디에서나 혹은 심지어 세계적 탁월성의 위계에서 차지하는 높은 지위가 지방적 차원의 위계에 부여하게 될 명성을 추구하는 곳 어디에서나, 이들은 자발적으로 아메리칸 티엔시아의 행정부 관리하에 자신들을 위치 짓는다. 대부분 사람은 온라인 소셜네트워크가 어떻게 운영되는지, MBA 학위가 어떻게 수여되는지 또는 다국적 기업이 어떻게 고용하는지에 대해 민주적 발언권이 없다. 그러나 사람들은 이에 아랑곳없이 각 영역에서 구별 짓기를 추구한다.

국가 내 민주주의는 확실히 아메리칸 티엔시아의 핵심부에 진입하기 위한 전제조건이지만 세계적 수준의 민주주의는 아메리칸 티엔시아 그 자체의 특징이 아니며 심지어는 그 이상(理想)도 결코 아니다. 개인들은 아메리칸 티엔시아를 구성하는 일원이며 개인들은 민주주의가 아니라 인권을 가지고 있다. 민주적 선거에서 자신의 지방(즉 민족적) 지도자를 선출할 수 있는 권리는 아메리칸 티엔시아의 개인에게 부여된 수많은 권리 중 하나이며 따라서 국가들이 이 권리를 존중하지 않으면 비난을 받을 수 있다. 비민주적 국가들은 아메리칸 티엔시아에서 '외부의 야만인' 수준으로 강등되지만 그들의 시민은 그렇지 않다. 중국인 개인은 중국이 민주주의가 아니라는 사실과 무관하게 아메리칸 티엔시아의 탁월성의 위계에 온전히 수용된다. 심지어 미국 여행 자체가 불가능한 개인들조차도 미국 중심의 탁월성의 위계 내에 포함되어 있다. 그것은 지리적 한계에도 불구하고 아메리칸 티엔시아를 보편적으로 만드는 요소의 일부다. 이에 공감하는 국가들 사이에서는 국가를 통해 작동하며 국가가 그렇지 않은 곳에서는 직접 인민에게 향한다.

아메리칸 티엔시아의 구조가 중심국가에 부여하는 권력은 따라서 단순한 '연성권력(軟性權力)'보다 훨씬 더 심층적으로 작동한다. 나이(Nye)의 연성권력 개념은 완전히 국가 중심적이다(Nye, 1990: 166-168; 2004: 256-261). 달리 말해 그것은 공동 선출 권력의 형태이거나, '다른 사람들이 당신이 원하는 것을 원하게 하라'(Nye, 1990: 167) 또는 '강압이나 대가를 지불하기보다는 매력을 통해 당신이 원하는 것을 얻는 능력'(Nye, 2004: 256)을 말한다. 여기서 활동하는 '당신'은 국가다. 따라서 나이의 관점에서 연성권력은 인기 없는 지도력으로 인해 '허비되어' 버릴 수도 있다. 따라서 그는 아버지 부시(George H.W. Bush)(Nye, 1990: 170)와 아들 부시(George W. Bush)(Nye, 2004: 259) 시절을 미국의 연성권력이 '허비된' 때로 지목한다. 나이(Nye, 2004: 256-260)는 대중성과 매력의 중요성을 가볍게 무시해버리는 이들을 조롱하기까지 한다. 그러나 그는 충분히 멀리 가지 못한다. **아메리칸 티엔시아의 존재로부터** 미국이 얻는 궁극적 권력은 네트워크 파워, 즉 '다른 사람들이 활용할 수 있는 기회의 연결망을 형성함으로써 당신이 원하는 것을 얻는 능력'이다.

사람들은 탁월성을 가려내는 세계적 체제에서 성공하기를 원한다. 그리고 미국은 이러한 체제에서 결과를 형성함에 있어 지나칠 정도의 능력을 지니고 있다. 이는 미국이 금융 및 여행 제재를 가할 때 분명히 드러나지만 훨씬 광범위하게 적용된다. 게다가 미국 제도의 결정적 영향력은 미국 국경 밖 훨씬 너머로 확장된다. 특히 고등교육은 명확한 사례를 보여준다. 물론 모든 국제적 순위 측정에서 세계 최고대학들은 단순히 서구가 아니라 아메리칸 티엔시아의 앵글로색슨 중심부에 집중되어 있다. 그러나 국제적으로 높은 순위를 차지하지 않은 대학도 앵글로색슨 일류대학에서 박사학위를 딴 교수를 채용하는 것을 강하게 선호한다. 또한 이들은 미국의 인가기관으로부터의 인증을 추구한다. 이들 대학은 미국 일류대학의 커리큘럼을 모델로 삼으며 때때로 유료 상담자로서 미국 또는 영국 대학과 파트너 관계를 맺는다. 영어로 된 학술지에 논문을 게재하는 교수에게 보너스를 주고 미국학회에서 발표하는 이들에게는 비용을 지불한다. 간단히 말해서 그들은 미국 중심의 세계적 대학의 탁월성의 위계 내에서 구별 짓기를 추구한다. 미국 중심의 세계-체제의 일부가 됨으로써 발생하는 네트워크 외부성이 너무나 압도적이어서 다른 체제는 실제로는 중요하지 않다.

■ 국가에서 천하로

아메리칸 티엔시아는 전 세계를 포괄하는 규모의 세계-체제로 대략 1500-2000년까지의 근대 세계-체제의 계승자다. 취임일을 따진다면 새천년 세계-체제라고 부를 수도 있겠다(Babones, 2018).[*] 이 새로운 체제가 얼마나 오래 살아남을지 누가 알겠느냐마는 세계-체제와 관련된 영역에서 '시간 단위의 폭'은 몇 년 또는 몇십 년이 아니라 수 세기로 측정된다. 월러스틴의 '장기 16세기'는 유럽, 중국, 인도 그리고 아메리카의 여러 봉건적 세계체제가 단일한 세계적 근대 세계-체제로 이행하는 것으로 특징지어졌다. 15세기 후반 콜럼버스(Columbus)와 다가마(da Gama)의 항해로부터 1648년 베스트팔렌 평화조약까지 이루어진 그 전환이 오늘날 우리가 인식하는 형태로 공고화되는 데에는 한 세기 반이 걸렸다. 유사하게 세계의 새

---

[*] 여기에 해당하는 참고문헌은 본서가 출간된 2017년 당시에는 출간예정이었으나 2018년 *The Return of Geopolitics*에 "Sovereignty in the Millennial World-System."이라는 제목으로 출간되었다. Salvatore Babones(2018), "Sovereignty in the Millennial World-System." in *The Return of Geopolitic*(ed. Albert Bergesen and Christian Suter), Berlin: Lit Verlag, pp.31-47.

로운 중심국가 주위로 새천년의 세계-체제가 공고화되는 데에도 제 1차 세계대전 이전부터 1990년대 말까지 거의 한 세기가 걸렸다. '미국의 세기'는 최종적인 체제 구성이 아니라 지저분한 과도기적 단계였던 것이다.

근대 세계-체제의 1648년에 상응하는 상징적 시작일을 찾으려는 미래의 분석가들은 아마도 2001년 9월 11일을 영점으로 설정할 것이다. 그날은, 맨 처음에는 조지 W. 부시 대통령으로부터 학계, 재계, 그리고 시민사회 지도자에 이르기까지, 모든 미국 지도자들이 '당신은 우리 편이거나 반대편이다'라는 메시지를 노골적이고도 장황하게 설명한 바로 그날이다. 오바마(Barack Obama)의 노벨상 연설('나는…필요하다면 일방적으로 행동할 수 있는 권리를 남겨두고 있다')로부터 도널드 트럼프(Donald Trump)의 취임사('지금 이 순간부터 미국이 최우선 순위다')까지 미국 지도자들은 좌우를 막론하고 진정한 다자주의가 사문화되었다는 현실을 받아들였다. 새천년 세계-체제의 구조에서 미국은 여타 나라와 같은 나라도 아니며 올브라이트(Madeleine Albright)의 단순히 '필수불가결한 민족'도 아니다. 그것은 전례가 없지는 않은 새로운 세계-체제의 중심국가다. 정치학자 쾅원평(Yuen Foong Khong, 鄺雲峰)*은 다음과 같이 말한다.

---

* Yuen Foong Khong(쾅원평, 鄺雲峰): 鄺雲峰의 중국식 발음은 쾅윈펑이나 싱가포르인의 경우 현지 발음이 콩일 수 있어 이름 전체를 표기할 때는 쾅인평으로 하고 기타 본문의 Khong은 콩으로 표기함. 본문의 여타 학자 중 중국계 화교, 싱가포르 학

중국적 세계질서와 그것이 서구의 압력에 직면하여 어떻게 붕괴하였는가에 대한 장융진(Yongjin Zhang)의 탁월한 분석은 19세기 중반 이후 중국의 실존적 딜레마를 나타내는 어휘의 변화를 파고들었다. 세계 내 위치에 대한 중국의 감각은 '천하(*tianxia*, 하늘 아래 모든 것)'에서 '국가(*guojia*)'로 축소되었는데, 달리 말해 '중국적 세계는 세계 속의 중국이 되었다'(Zhang, 2001: 61). 미국 외교의 장기 세기(*longe durée*)를 밝히기 위해 조공 렌즈를 사용해보면 20세기와 21세기 미국의 대외정책의 궤적에 대해 다소 상이한 결론에 이르게 된다. 즉 세계에서의 미국의 지위는 '국가(*guojia*)'에서 '천하(*tianxia*)'로 옮겨간 것으로 보인다(Khong, 2013: 42).

법적 관점에서 미국은 여타 국가와 동등한 하나의 나라이지만, 사회학적 견지에서는 미국의 대통령은 '자유 세계의 지도자'로 이해된다. 콩(Khong, 2013: 29)에게 있어 이는 미국, 미국의 지도자, 미국의 대중, 미국의 외교정책의 지배층, 그리고 '2등 국가들' 모두가 이를 받아들인다는 점으로부터 알 수 있는 사실이다. 사실상 미국 대통령 일개인의 퍼스낼러티에 미국과 전 세계의 권력 구조가 합쳐져 있다. 세계의 많은 이들이 트럼프의 퍼스낼러티에 대해 그토록 불안해하는 이유는 이러한 융합 때문이다.

그러나 포스트모던 세계에서 국가 간 갈등이 극적으로 감소한 것 또한 이러한 융합에 기인한다. 팍스 아메리카나는 국가 간 체제라는

자의 경우에도 동일하게 적용하였다.

구조에 그 뿌리를 두고 있지 않다. 설령 명(明) 중국처럼 미국이 국가 간 전쟁을 방지할 정도로 충분히 강력하다 할지라도 미국은 그렇게 하는데 거의 관심이 없을 것이다. 팍스 아메리카나는 아메리칸 티엔시아의 세계적 탁월성의 위계에 뿌리박고 있다. 한 나라의 엘리트들이 진정으로 원하는 것은 그들의 자녀가 좋은 대학에 들어가는 것인데 왜 자국의 영토를 확장하기 위한 전쟁에 나가고 싶어 해야 하는가? 불리한 국가의 엘리트 시민들이 자신의 권력과 부를 증진시키는 가장 효율적 방법은 자신의 나라를 더 강력하고 부유하게 만드는 것이 아니다. 그 방법은 떠나는 것이다.

지위 경쟁을 국가 수준에서 개인 수준으로 이전함으로써 아메리칸 티엔시아는 민족국가를 무력화시켜 왔다. 나라(country)는 지방(province), 도시, 그리고 구역(district)과 마찬가지로 여전히 현지(local) 행정 단위로서 매우 중요하다. 그러나 그들의 국가(state)는 더 이상 역사적 무대의 주역이 아니다. 국가는 많은 일을 수행하지만 역사를 만들지는 못한다.

적어도 문명화되지 않은 국가는 그러할 것이다. 후쿠야마(Fukuyama, 1989: 18)의 '여전히 역사의 손아귀에 잡혀있는 국가'의 문 앞에는 야만인들이 항상 서 있을 것이다. 그들은 다른 국가, 자신들의 시민과 그들 스스로에게 문제를 일으킬 수도 있다. 그러나 나머지 대부분의 세계, 그리고 보다 구체적으로는 새천년 세계-체제 전반에 있어 우리가 서구에서 알아왔던 역사(권력과 위신을 향한 정치적으로 조직된 인간공동체들의 끊임없는 투쟁으로서의 역사)는 중단되었다. 민족국가와 제국과 같이 정치적으로 조직된 인간공동체들이 여전히 존재하지만 그것들은 더 이상 권력과 위신을 위한 세계적 경쟁에 뛰어들지 않는다. 인간조직의 다른 형태들이 훨씬 관련성이 크다.

헤겔은 역사의 목적(규범적, 연대기적 측면 모두에 있어)을 자유의 발전으로 보았다. 콩(Khong, 2013: 29)에게 있어 자유의 교리는 '미국에게 지도할 수 있는 자격을 특별히 부여하는 것'이다. 맞는 말이다. 미국은 크고 강력한 국가이지만, 명(明) 중국이 근대 이전 동아시아 세계-체제에서 그러했던 것처럼 하나의 국가로서 새천년 세계-체제에서 우위에 있는 것이 결코 아니다. 다만 미국만이 전(全)세계적인 천하의 중심국가로서 유일하게 행위할 수 있다. 왜냐하면 미국은 세계를 개인들로 성공적으로 분해했기 때문이다. 이를 위해 (사람들은 우연이라고 말할 수도 있지만) 미국은 그 정초에서부터 '삶, 자유, 행복의 추구'에 초점을 맞추어 독특하게 준비된 나라다. 미국의 독립선언은 (문자 그대로 신에 의해) 정부는 개인들에게 '이러한 권리들을 보장하기 위해' 인민에 의해 창조되었음을 당연시한다. 미국적 전통하에서 국가가 사람에게 권리를 부여하지 않는다. 오히려 사람들이 자신들의 권리를 확보하기 위해 국가를 창조한다.

어떤 국가라도 전 세계적 세계-체제의 중심국가가 될 수 있으며 아예 없을 수도 있다. 16세기에는 유럽의 절반과 아메리카 대륙의 대부분을 통제한 스페인일 수도 있다. 19세기에는 세계의 절반을 자신의 통제하에 두었던 영국이었을 수 있다. 20세기에는 소련이었을 수도 있고 또는 (신이 금지한) 히틀러의 독일일 수도 있다. 그러나 이들 국가 중 어떤 나라도 아주 오랫동안 체제를 함께 유지할 수는 없었다. 왜냐하면 이들 국가 중 어느 나라도 순전한 힘을 넘어선 어떤 호소력을 지니지 못했고 어느 나라도 체제의 나머지 부분을 자신에게 묶어둘 만큼의 순전한 힘을 충분히 못했기 때문이다. 중국과 로마의 역사에서 똑같이 증명되었듯 어떠한 경우에도 순수하게 힘으로만 체제를 구속하는 것은 지속적인 에너지의 소모를 필요로 한다. 잠깐 동안은 그 에너지를 보다 억압적인 착취를 통해 얻을 수도 있겠지만 중국에는 '오랫동안 통일되었던 제국은 분열되기 마련이다.' 엔트로피가 항상 승리한다.

개인의 우위에 기초하며 모든 개인을 위한 기회의 자유에 이데올로기적으로 헌신적인 국가만이 진정한 의미의 전 세계적인 세계-체제의 중심국가로서 성공할 수 있을 것이다. 미국은 상대적으로 큰 경제를 지닌 상대적으로 큰 국가이지만 사람들을 강제로 자신의 체제로 끌어들일 필요가 없기 때문에 압도적으로 클 필요는 없다. 그와는 정반대다. 체제에 입장하기 위한 긴 대기자 명단이 있을 뿐이다. 미국은 영어학교를 보조하지도 않으며 사람들에게 미국 달러화를 사용하라고 강제하지도 않고, 자신의 교육적 관행을 채택하라고 주장하지도 않고, (더 이상은) 노예노동을 모집하지도 않는다. 그리고 무엇보다도 조공을 요구하지도 않는다. 미국이 하는 일은 개인에게 자신의 나라가 제공할 수 없거나 제공하지 않는 기회를 만들어 제공하는 것이다. 그 결과는 놀랍게도 안정적인 중심국가체제이다. 이 체제에서 개인들, 특히 엘리트 개인들은 자국의 민족적 정책의 초석으로서 미국 중심의 글로벌 시스템에 대한 자유로운 접근을 유지하는 것을 주장한다.

이는 1917년이나 심지어 1945년에도 해당하지 않았다. 사실 신화적인 전후 자유무역질서, 다자간 협력 그리고 아무 의심 없이 받아들여지는 미국 헤게모니에 대한 장밋빛 향수가 지나치게 많다. 그러나 전후 시대의 현실은 훨씬 더 유혈이 낭자했고 훨씬 덜 혈기왕성했다.* 그 모든 것이 1990년대에 끝났다. 한 세기 동안의 체계적 불확실성과 끔찍한 잔학행위 이후 새천년 세계-체제는 마침내 전례 없는 정치-경제적 체제로 확고해졌다. 이 체제는 다른 나라의 (수십억은 아닐지라도) 수억 명 시민의 자기발전을 위한 개인적 기회에 대해 중심국가가 보유한 네트워크 권력에 기초하고 있다. 이것이 좋은지 나쁜지 또는 비극적인지는 각자의 관점에 달려 있다. 하지만 그것이 안정적이라고 믿을 만한 충분한 근거가 있다.

국제관계학자들은, 영국 헤게모니가 독일에 의해 도전받았다고

---

* 훨씬 더 유혈이 낭자했고 훨씬 덜 혈기왕성한(much more sanguinary and much less sanguine): '훨씬 더 처참하고 덜 낙관적인'으로 옮기는 것이 한국어 문장으로는 적당하나 저자가 본문에서 같은 어원 sang(피)을 가진 단어로 표현하였기에 혈(血)을 활용하여 그 뉘앙스를 살려 번역하였음.

추정되는 1914년의 실패한 헤게모니 이행에 대해, 이후 미국이 운명의 부름에 응답하기로 예정되어 있었던 1945년의 성공적 헤게모니 이행에 대해, 그리고 중국이 세계적 패권을 위해 아마도 미국에 도전할 21세기 헤게모니 전환에 대해 광범위하게 써왔다. 이들 학자들(혹자는 전문가 전체라고도 말할 수도 있다)은 시간 단위의 폭에 대한 감각이 전혀 없다. 진정한 체제 이행은 한 세기(1900년 무렵부터 2000년) 전체에 걸쳐 지속되었고 최근에야 완료되었다. 이행의 세기는 피비린내 나고 (모든 방면에서) 억압적이었으며 그리고 무질서했다. 이제 상황은 끝났고, 다음 체제 전환은 몇 세기 이후일 것이다.

새천년 세계-체제와 그 통치 기제인 **아메리칸 티엔시아**는 이전의 근대 세계-체제와 그 통치 기제인 무정부적인 국가 간 체제보다 더 평화로우며 보다 개방적이고 더 질서정연할 모든 가능성을 가지고 있다. 대부분의 국제관계 학자들은 여전히 낡은 체제에 살고 있으며 그들 중 많은 이들은 예전 방식의 전쟁을 갈망하는 것처럼 보인다. 한편 새로운 체제에는 그 자신만의 부당함이 있다. 이것들에 대항하는 일은 지난 체제에서 전쟁에 맞서는 것과 마찬가지로 똑같이 어려운 일이라는 것이 입증될 수도 있다. 하지만 운이 좋다면 세계는, 역사가 다시 한번 시작되기 전까지는 수 세기 동안의 지루함을 맛볼 것이다. 후쿠야마(Fukuyama)에 반하여, 낙관적인 것 외에 그 어떤 것도 불가능하다.

■ 각자도생(各自圖生)의 길은 아메리칸 티엔시아로 통한다

미·중 패권전쟁이 본격화되고 있다고 회자되는 요즘, 세계가 비로소 미국 중심의 질서로 완성되었으며 이 '세계', 즉 아메리칸 티엔시아가 수 세기는 지속될 것이라는 저자의 주장은 도발적이다. 여기서 미국 중심의 질서는 미국이 지배하는 세계라기보다는 전 세계의 모든 사람이 미국적 '탁월성의 위계체계'를 기꺼이 받아들이고 그 사다리를 올라가는 세계, 모든 사람이 미국인이 되고 싶어 하는 세계를 말한다. 9.11 테러 이후 이라크를 비롯한 중동과 아프가니스탄을 포함한 중앙아시아, 현재 우크라이나 전쟁이 벌어지고 있는 동부 유럽, 좌파의 물결에서 우파의 물결로 또다시 좌파로 스윙하는 라틴아메리카, 그리고 심지어 일본, EU, 마지막으로 이 책의 주요 대상인 중국의 '개인'들이 과연 그러한지 역자는 알 수 없다. 다만 반미주의자를 포함한 한국인 다수가 미국인 또는 그 일원이 되기 위해 오늘도 아메리칸 티엔시아라는 새로운 천하의 계단을 오르고자 하는 한국 사회의 현실에는 저자의 주장이 부합하는 듯 보이는 것 또한 사실이다.

저자의 주장에 따르면 이 새로운 세계질서, 아메리칸 티엔시아의 출발은 2001년 9월11일이다. 미국의 세기라 일컬어진 20세기는 그저 아메리칸 티엔시아라는 새로운 세계-체제가 출현하기 위한 준비기 또는 이행기에 불과하였다. 그야말로 20세기는 '극단의 세기'였을 뿐이다. 이러한 저자의 관점과 1980년대 워싱턴 컨센서스 이래 지속된 일종의 미국 우위의 세계질서 혹은 세계-체제에 대한 새천년 전후 일련의 논쟁, 예를 들어 '미국 제국주의'론, '제국'론, 헤게모니 이행을 둘러싼 다양한 '세계체제'론 등과의 이론적 쟁점은 차치하도록 하자. 다만 저자가 이러한 도발적 제안을 한 동기는 분명해 보인다. 그것은 미국의 쇠퇴와 세계질서 내 중국의 부상, 중국에 의한 패권 교체, 중국적 세계질서로의 이행과 관련된 수많은 주장에 대한 반론이다. 저자에게는 미·중 패권경쟁이란 단어조차 사치스러운데, 그는 중국의 부상과 관련된 모든 가능성을 일축한다. 왜냐하면 새천년에 등장한 미국이 중심국가인(미국이 지배국가가 아니라) 아메리칸 티엔시아 체제는 중국이 아니라 그 어느 국가도 도전할 수 없는 안정적 세계-체제이기 때문이다. 그리고 이를 지탱하는 이데올로기와 조직적 원리는 '개인주의'다. 아메리칸 티엔시아는 그 무엇보다도, 근본적으로는 미국적인, 세계적인 탁월성의 위계에 개인들이 자발적으로 참여함으로써 유지되는 체제다. 이 개인주의는 국가 대 국가의 관계를 뛰어넘어 작용하는 교리 없는 이데올로기로서 일종의 '행복교'다.

저자는 중국 경제와 중국 인구에 대한 예측, 캘리차이나로 향하는 원정출산의 사례 등을 들어 중국이 다음 세계를 이끌 헤게모니 국가는커녕 패권국의 지위조차 획득하기 쉽지 않을 것이라고 주장한다. 2023년 현재 중국에서 들려오는 다양한 경제적·정치적 사정에 비추어볼 때 이는 반박하기 어려워 보인다. 오히려 향후 저자 주장의 적실성이 드러날지도 모른다. 한편 일대일로 등을 통한 중국몽, 즉 중국적 세계질서의 추구가 과연 지속 가능한가에 대한 저자의 회의 또한 상당한 설득력을 지닌다. 그러나 중국이 향후 세계질서의 중심 국가가 될 수 없다는 것과 미국이 중심국가인 아메리칸 티엔시아가 수 세기 동안 안정적으로 유지될 새로운 세계-체제라는 것은 아마도 다른 문제일 것이다.

저자는 아메리칸 티엔시아를 명나라가 지배하던 동아시아 질서, 명천하(明天下)와 비교·유추하여 설명한다. 하나의 중심국가가 있는 세계질서로서 천하(天下, *tianxia*)의 유형으로서 양자를 비교하면서 저자는 아메리칸 티엔시아의 엔트로피적 안정성을 설파한다. 그러나 저자의 이러한 유비(類比)는 국제정치학적 측면의 국제질서에 국한하여 재고할 가치가 있지만 하나의 역사적·사회적 체계에 적용하는 것은 다소 무리가 있어 보인다. 명나라 부의 토대인 봉건제적 생산양식의 내적 동학은 논외로 치더라도 명천하의 조공체제를 아메리칸 티엔시아의 국제적 배치와 등치하는 것은 유비 이상의 의미를 가지기 어렵다. 또한 명나라의 조공질서란 명나라 내의 잉여생산과 집중 그리고 재분배라는 국가 단위의 논리를 국제질서에까지 확장한 것인데 이를 자본주의적 생산과 잉여(혹은 이윤) 분배에 의해 지배되는 내적 동학을 지닌 현대자본주의 세계경제의 국제관계에 바로 적용하는 것은 무리가 있다. 단적으로 조공체제에서의 공물과 다양한 사회적 수준에서의 현대적 지대 사이에는 차이가 없을까? 물론 저자가 비판하고 있는 바로 그 신중세주의자들의 주장처럼 오늘날의 아메리칸 티엔시아가 이미 자본주의가 아닌 다른 어떤 체제(자본주의의 외양을 지닌 봉건제)라면 차이가 없을지도 모르겠다. 요컨대 저자에게 있어 세계-체제의 수명을 측정하는 적절한 '시간 단위의 폭'은 있을지언정 체계를 지탱하는 부(富)의 생산의 '사회적 단위'라는 문제설정은 부재하다. 다만, 아메리칸 티엔시아 중심부로 향하는 부의 유입을 담당하는 매개체로서의 개인만이 존재한다. 그러나 세계-체제라고 지칭하려면 역사적 수명이라는 시간적 차원과 더불어 이 체계의 물질적 생산의 토대로서의 '사회적 단위'

또한 분석되어야 할 것이다.

이 책의 주장에 있어 가장 매혹적(또는 논쟁적)인 것 바로 '개인주의' 또는 국가를 뛰어넘어 미국적 위계의 사다리를 기꺼이 올라가려는 개인, 자발적으로 미국이 오픈한 글로벌 클럽에 가입하려는 개인이다. 저자는 이 개인들이야말로 아메리칸 티엔시아의 이데올로기적 토대이자 사회적 조직 원리의 기초라고 본다. 그리고 이 개인들의 자유를 보장하고 이들에게 기회의 사다리를 제공하는 주재자가 바로 중심국가인 미국이다. 저자는 이 개인주의에 대해, (오래전 통용되던 '텅 빈 기표로서의 민주주의'라는 표현을 상기하는 방식으로) 공집합으로서의 이데올로기, 교리 없는 이데올로기, 텅 빈 용기라고 주장하며 이것이 명천하의 유교주의와는 구분된다고 말한다. 당연히 양자는 구분된다. 다만 개인주의가 텅 빈 용기라면 순전히 용기로서만 존재하는 개인주의가 있을까? 그것은 항상 '무언가'가 담겨 있는 용기일 때만 '개인주의'라는 명칭을 부여받는 것은 아닐까? 그리하여 후쿠야마의 역사적 종착지에 있는 자유민주주의를 비판하기 위해 저자가 동원하는 논리를 따라가다 보면 우리는 소비재와 결합한 개인주의를 만난다. 그런데 이 개인주의자들은 곧 '동물화된 인간'으로 진화할 수도 있는 스노비즘의 담지자는 아닐까? 또한 아메리칸 티엔시아의 사다리를 올라가고 있는 개인을 따라가다 보면 자신의 '이익'에 봉사하는 공리주의적 개인을 만난다. 이들

'사익 추구'의 개인들은 서로 반목하며 현실을 '계급 없는' 상호투쟁의 장으로 만들지는 않을까? 미국이 오픈한 글로벌 클럽에서 마주치는 거울을 들여다보고 있는 개인은 자유주의적 개인주의자가 아니라 오히려 '에고이스트' 또는 '나-주의'자들이지 않을까? 등등. 그리고 이러한 자신의 이익을 앞세운 '개인'이 일찍이 중국에서 만든 수많은 천하들에는 존재하지 않았을까? 봉건제 개인주의라는 형태, 또는 가족 중심의 중국식 '실용적 개인'으로 말이다. 그렇다면 저자가 본문에서 주장하듯이 아메리칸 티엔시아로 투항하고 있는 중국의 개인들은 진정으로 '개인주의'로 전향하는 것일까?

아메리칸 티엔시아의 안정적 토대로서의 개인 혹은 개인주의와 아메리칸 티엔시아의 존재 여부는 별도로 하더라도 저자가 제기한 '개인주의'라는 쟁점은 향후 좀 더 이론적 논의가 필요해 보인다. 저자가 주장하는 대로 아메리칸 티엔시아가 민족국가를, 계급을 개인으로 파편화시킨다고 해서 개인은 과연 계급의 안티테제일까? 또한 계급이 부재한 아메리칸 티엔시아에는 저자가 말하듯이 70억 개의 내부모순만이 있거나 혹은 내부모순은 전혀 부재한 것일까? 비록 개인적 수준일지라도 70억 개의 모순이 전혀 다른 모습으로 해후하지는 않을까? 달리 말해 역사의 손아귀에 놀아난 국가 간 쟁투가 개인적 수준으로 전치되었을 때 과연 어떤 일이 벌어질 것인가?

현재 그 답은 다음과 같아 보인다. 각자도생(各自圖生)의 길은 아메리칸 티엔시아로 통한다. 다만 그 도상(途上)과 주변은 이미 지화명이(地火明夷)의 세계다. 아메리칸 티엔시아의 일원인 개인은 그저 중립적 의미의 '개인'으로서 자신만의 사다리를 올라가는 사람일 수도 있지만 거울상에서 벗어나지 못한 '에고이스트'나 인민주의의 온상으로서 확장된 '에고이즘'의 산실일 수도 있다. 미국이 중심국가인 아메리칸 티엔시아(American Tianxia)가 비록 체제의 안정성으로 인해 고유명 Tianxia를 부여받는다 할지라도 개인과 개인이 서로 반목하며 오랑캐(좀비)가 어디서든 출몰할 수 있는 이 시기(심지어 좀비는 개인적 차원뿐 아니라 다양한 사회적 단위와 기업적 차원에서도 출현할 수 있다), 야만인들이 비록 세계의 주변일지언정 지속적으로 반란을 도모하는 이 시기를 (태평)천하라 부르기는 어려울 것이다. 물론 저자의 논지를 따르자면 수 세기 지속될 새로운 체제가 출범한 지 이제 이십 년 정도밖에 되지 않았으니 섣부른 예단은 금물일지 모른다.

저자는 **아메리칸 티엔시아**에는 헤겔식의 주인-노예 변증법이 존재하지 않기 때문에 개인 수준에서 아무것도 벌어지지 않는다고 단언한다. 그리고 한국어 서문에서도 밝히듯이 '포스트모던 개인주의에서 다른 어떤 조직적 원리로 세계가 완전히 이데올로기적 방향전환을 할 경우에만 **아메리칸 티엔시아의 안정성**'이 위협받을 것이라고 말한다. 그러나 개인적 차원, 개인주의라는 텅 빈 용기에는 정말 주인-노예 변증법이 적용되지 않을까? 이 용기만이 유별나게 헤겔적 지양이 적용되지 않는 그런 단위인가? 헤겔적 교양을 지닌 근대적 개인은 그야말로 의미 없는 이 텅 빈 용기에서 출현하지 않았던가? 유용성을 추구하는 동시에 개인적 수준에서도 자유를 전개하고 실현하는 헤겔적 개인은 필연적으로 텅 빈 용기 안에 행복이 부재하다는 것을 발견하고 새로운 브랜드의 '개인주의'로 지양되지는 않을까? 헤겔이 아니더라도 우리는 고전 영미식 자유주의적 개인주의를 주창한 존 스튜어트 밀을 따라 다음과 같이 얘기할 수도 있을 것이다. 개인은 '배부른 돼지'의 담지자이기도 하지만 '배고픈 소크라테스'의 담지자이기도 하다고 말이다. 역자는 저자가 주장한 아메리칸 티엔시아의 기초로서의 개인주의 그 자체를 부인할 생각이 없다. 개인(주의)에게는 긍정적이든 부정적이든 다양한 가능성이 공존한다. 그리고 향후 어떤 해방의 정치가 존재한다면 그 역시 이 개인 또는 개인주의에서 출발해야 할 것이다.

이 책의 주장에 대해 다양한 이론적 쟁점이나 이견이 있을 수 있다. 그러나 그러한 쟁점이나 이견에도 불구하고 아메리칸 티엔시아라는 저자의 도발적 주장은 미·중 패권 경쟁에 대한 근시안적 관점에서 벗어나 보다 긴 역사적 안목에서 오늘날의 세계질서와 그 조직적 원리를 다시금 숙고하는 기회를 우리에게 제공하리라 믿는다.

마지막으로 이 책의 번역을 추천해주신 부경대학교 글로벌지역학연구소 소장 박상현 교수님과 백두주, 전지영 박사님, 서투른 번역을 일독하고 의견을 주신 부경대학교 사학과 조세현, HK+교수 서광덕 교수님, 충남대학교 사회학과 박찬종 교수님, 글로벌지역학연구소 문기홍, 정현일 박사님, 부경대학교 글로벌지역학과의 김소현 님, 그리고 한겨레신문사의 이주현 님께 감사드린다. 아울러 이 책의 출간에 있어 행정적 도움을 주신 부경대학교 글로벌지역학연구소의 박경미, 고민서 님께도 깊이 감사드린다.

참고문헌

Arrighi, G. (2007) *Adam Smith in Beijing: Lineages of the twenty-first century*, London: Verso.

Atwell, W.S. (1982) 'International bullion flows and the Chinese economy circa 1530–1650', *Past and Present*, 95: 68–90.

Atwell, W.S. (1998) 'Ming China and the emerging world economy, c. 1470–1650', in D. Twitchett and F.W. Mote (eds) *The Cambridge History of China, Volume 8: The Ming dynasty, part 2: 1368–1644*, Cambridge: Cambridge University Press, pp. 376–416.

Babones, S. (2011) 'The middling kingdom: The hype and the reality of China's rise', *Foreign Affairs*, 90(5): 79–88.

Babones, S. (2012) 'A structuralist perspective on economic growth in China and India: Anticipating the end game', *International Journal of Sociology and Social Policy*, 32(1/2): 29–41.

Babones, S. (2015a) 'The once and future hegemon', *The National Interest*, 138: 54–62.

Babones, S. (2015b) 'Russia's eastern gambit', *Russia in Global Affairs*, 13(3): 131–141.

Babones, S. (2015c) 'Two little, too late: China's one child policy and population collapse', *Foreign Affairs online*: November 12.

Babones, S. (2015d) 'What "is" world-systems analysis? Distinguishing theory from perspective', *Thesis Eleven*, 127: 3–20.

Babones, S. (2016) 'How weak is China? The real story behind the economic indicators', *Foreign Affairs* online: January 31.

Babones, S. (2017a) 'The new geography of the global economy: Brexit as Amerentry', *Quadrant*, 61(3): 12 – 15.

Babones, S. (2017b) 'Sovereignty in the millennial world-system', in A. Bergesen and C. Suter (eds) *The Return of Geopolitics*, Berlin: Lit Verlag.

Beard, C.A. (1922) *Cross Currents in Europe To-day*, Boston: Marshall Jones.

Bell, D.A. (2008) *China's new Confucianism: Politics and everyday life in a changing society*, Princeton, NJ: Princeton University Press.

Ben Naceur, S., Hosny, A., and Hadjian, G. (2015) *How to De-dollarize Financial Systems in the Caucasus and Central Asia?*, Washington, DC: International Monetary Fund.

Bolt, J. and van Zanden, J.L. (2014) 'The Maddison Project: Collaborative research on historical national accounts', *Economic History Review*, 67(3): 627 – 651.

Bond, P. (2010) 'BRICS and the sub-imperial location', in P. Bond and A. Garcia (eds) *BRICS: An anti-capitalist critique*, Aukland Park: Jacana Media, pp. 15‒26.

Brooks, S.G. and Wohlforth, W.C. (2016a) *America Abroad: The United States' global role in the 21st century*, Oxford: Oxford University Press.

Brooks, S.G. and Wohlforth, W.C. (2016b) 'The rise and fall of the great powers in the twenty-first century: China's rise and the fate of America's global position', *International Security*, 40(3): 7‒53.

Bull, H. (1977) *The Anarchical Society: A study of order in world politics*, 4th ed, London: Macmillan.

Busse, M., Erdogan, C., and Muhlen, H. (2016) 'China's impact on Africa ‒ The role of trade, FDI and aid', *KYKLOS*, 69(2): 228‒262.

Callahan, W.A. (2004) 'Remembering the future: Utopia, empire, and harmony in 21st-century international theory', *European Journal of International Relations*, 10(4): 569‒601.

Callahan, W.A. (2012) 'China's strategic futures: Debating the post-American world order', *Asian Survey*, 52(4): 617‒642.

Callahan, W.A. (2014) 'Chinese exceptionalism and the politics of history', in N.

Horesh and E. Kavalski (eds) *Asian Thought on China's Changing International Relations*, New York: Palgrave Macmillan, pp. 17⁻33.

Census Bureau (2017) *International data base*, Washington, DC: US Census Bureau.

CGTN (2015) 'Chinese fertility rate drops into "low fertility trap"', Beijing: CGTN.

Chan, H.L. (1968) 'The "Chinese barbarian officials" in the foreign tributary missions to China during the Ming Dynasty', *Journal of the American Oriental Society*, 88(3): 411⁻418.

Chang, C.S. (2011) 'Tianxia system on a snail's horns', *Inter-Asia Cultural Studies*, 12(1): 28⁻42.

Chanlett-Avery, E. and Rinehart, I.E. (2016) *The U.S. Military Presence in Okinawa and the Futenma Base Controversy*, Washington, DC: Congressional Research Service.

Chase-Dunn, C.K. (1998) *Global Formation: Structures of the worldeconomy*, updated ed, Lanham, MD: Rowman and Littlefield.

Chen, Z.M. and Pan, Z.Q. (2011) 'China in its neighbourhood: A "middle kingdom" not necessarily at the centre of power', *The International Spectator*, 46(4): 79⁻96.

Clarke, M. (2014) 'Kazakh responses to the rise of China: Between elite bandwagoning and societal ambivalence?', in N. Horesh and E. Kavalski (eds) *Asian Thought on China's Changing International Relations*, New York: Palgrave Macmillan, pp. 141⁻172.

Constantaras, E. (2016) 'Visualizing China's aid to Africa: China aid map reveals nearly $100 billion infrastructure investment boom in Africa', *ChinaFile* online, June 30.

Croxton, D. (1999) 'The Peace of Westphalia of 1648 and the origins of sovereignty', *International History Review*, 21(3): 569⁻591.

Curcuru, S.E., Thomas, C.P., and Warnock F.E. (2013) 'On returns differentials', *Journal of International Money and Finance*, 36: 1⁻25.

Dadush, U. and Stancil, B. (2010) *The World Order in 2050*, Washington, DC: Carnegie Endowment for International Peace.

Demieville, P. (1986) 'Philosophy and religion from Han to Sui', in D. Twitchett and M. Loewe (eds) *The Cambridge History of China, Volume 1: The Ch'in and Han empires, 221 BC–AD 220*, Cambridge: Cambridge University Press, pp. 808‒872.

DHS (2016) *2015 Yearbook of Immigration Statistics*, Washington, DC: Department of Homeland Security.

Dubs, H.H. and Smith, R.S. (1942) 'Chinese in Mexico City in 1635', *The Far Eastern Quarterly*, 1(4): 387‒438.

Fairbank, J.K. and Teng, S.Y. (1941) 'On the Ch'ing tributary system', *Harvard Journal of Asiatic Studies*, 6(2): 135‒246.

Farchy, J. (2016) 'New Silk Road will transport laptops and frozen chicken', *Financial Times* online, May 10.

Feng, H.Y. and He, K. (2015) 'America in the eyes of America watchers: Survey research in Beijing in 2012', *Journal of Contemporary China*, 24(91): 83‒100.

Feng, Z.P. and Huang, J. (2014) *China's Strategic Partnership Diplomacy: Engaging with a changing world*, Brussels: European Strategic Partnerships Observatory.

Ferdinand, P. (2016) 'Westward ho ‒ The China dream and "one belt, one road": Chinese foreign policy under Xi Jinping', *International Affairs*, 92(4): 941 ‒ 957.

Flynn, D.O. and Giraldez, A. (1995) 'Born with a "silver spoon": The origin of world trade in 1571', *Journal of World History*, 6(2): 201‒221.

Fogel, R. (2010) '$123,000,000,000,000*: *China's estimated economy by the year 2040. Be warned', *Foreign Policy*, 177: 70‒75.

FRED (2017) *FRED economic data database*, St. Louis, MO: Federal Reserve Bank of St. Louis.

Fukuyama, F. (1989) 'The end of history?', *The National Interest*, 16: 3‒18.

Fukuyama, F. (1992) *The End of History and the Last Man*, New York: Free Press.

Fukuyama, F. (1995) 'Reflections on the end of history, five years later', *History and Theory*, 34(2): 27‒43.

Fukuyama, F. (2007) 'The history at the end of history', *Guardian* online, April 3.

Goodman, D.S.G. (2004) 'The campaign to "Open Up the West": National, provincial‒

level and local perspectives', *China Quarterly*, 178: 317–334.

Gordon, P. and Morales Del Pino, J.J. (2017) *The Silver Way: China, Spanish America and the birth of globalisation, 1565–1815*, New York: Penguin.

Gunter, F.R. (2017) 'Corruption, costs, and family: Chinese capital flight, 1984–2014', *China Economic Review*, 43: 105–117.

Hackenesch, C. (2013) 'Aid donor meets strategic partner? The European Union's and China's relations with Ethiopia', *Journal of Current Chinese Affairs*, 42(1): 7–36.

Harvey, D. (2003) *The New Imperialism*, Oxford: Oxford University Press.

Hearn, A. (2016) *Diaspora and Trust: Cuba, Mexico, and the rise of China*, Durham, NC: Duke University Press.

Hegel, G.W.F. (1861) *Lectures on the Philosophy of History*, 3rd ed (J. Sirbee, tr), London: Henry G. Bohn.

Hess, S. and Aidoo, R. (2015) *Charting the Roots of Anti-Chinese Populism in Africa,* New York: Springer.

Heydarian, R.J. (2015) *Asia's New Battlefield: The USA, China and the struggle for the Western Pacific*, London: Zed Books.

Hoe, S. and Roebuck, D. (1999) *The Taking of Hong Kong: Charles and Clara Elliot in China waters*, Oxford: Routledge.

Hopkin, J. and Blyth, M. (2014) 'Londongrad calling: The United Kingdom's dangerous dependence on Russian money', *Foreign Affairs* online, April 21.

Hsu, S. (2017) 'How China's Asian Infrastructure Investment Bank fared its first year', *Forbes* online, January 14.

Huang, C.C. and Shih, C.Y. (2014) *Harmonious Intervention: China's quest for relational security*, Farnham: Ashgate.

Huang, Y., Tang, W., Mu, Y., Li, X.H., Liu, Z., Wang, Y.P., Li, M.G., Li, Q., Dai, L., Liang, J., and Zhu, J. (2016) 'The sex ratio at birth for 5,338,853 deliveries in China from 2012 to 2015: A facilitybased study', *PLoS ONE*, 11(12): e0167575.

Huang, Y.Z. (2016) 'China's new two child policy: Too little, too late', *Asia Unbound* blog, New York: Council on Foreign Relations.

Hucker, C.O. (1998) 'Ming government', in D. Twitchett and F.W. Mote (eds) *The Cambridge History of China, Volume 8: The Ming dynasty, part 2: 1368–1644*, Cambridge: Cambridge University Press, pp. 9–105.

Hutt, D. (2016) 'How China came to dominate Cambodia: How Cambodia went from denouncing China to being Beijing's most faithful client state', *The Diplomat* online, September 1.

Institute of International Finance (2017) *February 2017 Capital Flows to Emerging Markets*, Washington, DC: Institute of International Finance.

Jacques, M. (2009) *When China Rules the World: The end of the Western world and the birth of a new global order*, New York: Penguin.

Jiang, Y.L. (2011) *The Mandate of Heaven and* The Great Ming Code, Seattle, WA: University of Washington Press.

Kang, D.C. (2010) *East Asia before the West: Five centuries of trade and tribute*, New York: Columbia University Press.

Kern, M. (2010). 'Early Chinese literature, beginnings through Western Han', in K.S. Chang and S. Owen (eds) *The Cambridge History of Chinese Literature, Volume 1: To 1375*, Cambridge: Cambridge University Press, pp. 1–115.

Khong, Y.F. (2013) 'The American tributary system', *The Chinese Journal of International Politics*, 6(1): 1–47.

Koga, K. (2016) 'The rise of China and Japan's balancing strategy: Critical junctures and policy shifts in the 2010s', *Journal of Contemporary China*, 25(101): 777–791.

Kojeve, A. (1969) *Introduction to the reading of Hegel: Lectures on the phenomenology of spirit*, Ithaca, NY: Cornell University Press.

Krasner, S.D. (1999) *Sovereignty: Organized hypocrisy*, Princeton, NJ: Princeton University Press.

Krauthammer, C. (1990) 'The unipolar moment', *Foreign Affairs*, 70(1): 23–33.

Lai, H.Y.H. (2002) 'China's Western Development Program: Its rationale, implementation, and prospects', *Modern China*, 28(4): 432–466.

Layne, C. (1993) 'The unipolar illusion: Why new great powers will rise', *International Security*, 17(4): 5-51.

Layne, C. (2006) 'The unipolar illusion revisited: The coming end of the United States' unipolar moment', *International Security*, 31(2): 7 – 41.

Liff, A.P. and Ikenberry, G.J. (2014) 'Racing toward tragedy? China's rise, military competition in the Asia Pacific, and the security dilemma', *International Security*, 39(2): 52-91.

Lockard, C.A. (2013) 'Chinese migration and settlement in Southeast Asia before 1850: Making fields from the sea', *History Compass*, 11(9): 765-781.

Luce, H.R. (1941) 'The American century', *Life*, February 17: 61-65.

Luo, Z.T. (2008) 'From "tianxia" (all under heaven) to "the world": Changes in late Qing intellectuals' conceptions of human society', *Social Sciences in China*, 24(2): 93-105.

Lynch, D.C. (2015) *China's Futures: PRC elites debate economics, politics, and foreign policy*, Stanford, CA: Stanford University Press.

Mackinder, H.J. (1904) 'The geographical pivot of history', *Geographical Journal*, 23(4): 421-437.

Mackinder, H.J. (1919) *Democratic Ideals and Reality: A study in the politics of reconstruction*, London: Henry Holt.

Mahoney, J.G. (2008) 'On the way to harmony: Marxism, Confucianism, and Hu Jintao's *hexie* concept', in S.J. Guo and B.G. Guo (eds) *China in Search of a Harmonious Society*, Lanham, MD: Lexington Books, pp. 99-128.

Mancall, M. (1971) *Russia and China: Their diplomatic relations to 1728*, Cambridge, MA: Harvard University Press.

Manyin, M.E., Chanlett-Avery, E., Nikitin, M.B.D., Williams, B.R., and Corrado, J.R. (2016) *U.S.-South Korea relations*, Washington, DC: Congressional Research Service.

Mauch, P. (2014) 'Japanese intellectual responses to China's rise', in N. Horesh and E. Kavalski (eds) *Asian Thought on China's Changing International Relations*, New

York: Palgrave Macmillan, pp. 192–204.

McCauley, R.N. (2015) 'Does the US dollar confer an exorbitant privilege?', *Journal of International Money and Finance*, 57: 1–14.

McGann, J.G. (2016) *2015 Global go to Think Tank Index Report*, Philadelphia, PA: University of Pennsylvania Scholarly Commons.

Mearsheimer, J.J. (1990) 'Back to the future: Instability in Europe after the Cold War', *International Security*, 15(1): 5–56.

Menon, S. (2016) 'China, the world and India', *China Report*, 52(2): 129–137.

Meyer, J.W., Boli, J., Thomas, G.M., and Ramirez, F.O. (1997) 'World society and the nation-state', *American Journal of Sociology*, 103(1): 144–181.

Morris, I. (2014) *War! What is it good for? The role of conflict in civilization from primates to robots*, New York: Farrar, Straus, and Giroux.

National Bureau of Statistics (2016) *China Statistical Yearbook 2016* database, Beijing: National Bureau of Statistics.

Nye, J.S., Jr. (1990) 'Soft power', *Foreign Policy*, 80: 153–171.

Nye, J.S., Jr. (2004) 'Soft power and American foreign policy', *Political Science Quarterly*, 119(2): 255–270.

Nye, J.S., Jr. (2015) *Is the American Century Over?*, Cambridge: Policy Press.

Nye, J.S., Jr. (2017) 'Will the liberal order survive? The history of an idea', *Foreign Affairs*, 96(1): 10–16.

O'Sullivan, J. (2006) *The President, the Pope, and the Prime Minister: Three who changed the world*, Washington, DC: Regnery Publishing.

Pan, S.Y. and Lo, J.T.Y. (2017) 'Re-conceptualizing China's rise as a global power: A neo-tributary perspective', *Pacific Review*, 30(1): 1–25.

People's Daily (2016) 'China's population will be down to half by the end of this century?', *People's Daily* online, June 30.

Perdue, P.C. (2015) 'The tenacious tributary system', *Journal of Contemporary China*, 24(96): 1002–1014.

Peyrouse, S. (2016) 'Discussing China: Sinophilia and Sinophobia in Central Asia',

Journal of Eurasian Studies, 7(1): 14‒23.

Pinker, S. (2011) *The Better Angels of our Nature: Why violence has declined*, New York: Viking Books.

Qi, H.G. and Shen, D.L. (2015) 'Chinese traditional world citizenship thoughts and its impact on the cultivation of Chinese world citizenship awareness', *Citizenship Studies*, 19(3‒4): 267‒284.

Qin, Y.Q. (2011) 'Rule, rules, and relations: Towards a synthetic approach to governance', *Chinese Journal of International Politics*, 4(2): 117‒145.

Qin, Y.Q. (2012) 'Culture and global thought: Chinese international theory in the making', *Revista CIDOB d'Afers Internacionals*, 100: 67‒89.

Raymo, J.M., Park, H.J., Xie, Y., and Yeung, Y.J.J. (2015) 'Marriage and family in East Asia: continuity and change', *Annual Review of Sociology*, 41: 471‒492.

Roy, D. (2016) 'Meeting the Chinese challenge to the regional order', *Asian Politics & Policy*, 8(1): 193‒206.

Rumer, E., Sokolsky, R., and Stronski, P. (2016) *US Policy toward Central Asia 3.0*, Washington: Carnegie Endowment for International Peace.

Russell, B. and Russell, D. (1923) *The Prospects of Industrial Civilization*, London: Allen & Unwin.

Schweller, R.L. and Pu, X.Y. (2011) 'After unipolarity: China's visions of international order in an era of U.S. decline', *International Security*, 36(1): 41‒72.

Sheehan, M. (2015) 'Born in the USA: Why Chinese 'birth tourism' is booming in California', *The World Post* online, May 1.

Smith, D.L. (1996) 'Central Asia: A new Great Game?', *Asian Affairs*, 23(3): 147‒175.

Starrs, S. (2013) 'American economic power hasn't declined ‒ it globalized! Summoning the data and taking globalization seriously', *International Studies Quarterly*, 57(4): 817‒830.

Sun, Y. (2014a) *Africa in China's Foreign Policy*, Washington, DC: Brookings Institution.

Sun, Y. (2014b) 'Africa in China's new foreign aid white paper', *Brookings Africa in Focus* online, July 16.

Swanstrom, N. (2005) 'China and Central Asia: A new Great Game or traditional vassal relations?', *Journal of Contemporary China*, 14(45): 569–584.

Tow, W.T. and Limaye, S. (2016) 'What's China got to do with it? U.S. alliances, partnerships in the Asia-Pacific', *Asian Politics & Policy*, 8(1): 7–26.

Tsiang, T.F. (1936) 'China and European expansion', *Politica*, 2(5): 1–18.

UNPD (2015) *2015 Revision of World Population Prospects*, New York: United Nations Population Division.

Vine, D. (2015) *Base Nation: How U.S. military bases abroad harm America and the world*, New York: Metropolitan Books.

Wade, G. (2005) 'The Zheng He voyages: A reassessment', *Journal of the Malaysian Branch of the Royal Asiatic Society*, 8(1): 37–58.

Wallerstein, I.M. (1974) *The Modern World-System: Capitalist agriculture and the origins of the European world-economy in the sixteenth century*, New York: Academic Press.

Wang, G.W. (1959) *A Short History of the Nanyang Chinese*, Singapore: Eastern Universities Press.

Wang, G.W. (1968) 'Early Ming relations with Southeast Asia: A background essay', in J. Fairbank (ed) *The Chinese World Order: Traditional China's foreign relations*, Cambridge, MA: Harvard University Press, pp. 34–62.

Wang, G.W. (1998) 'Ming foreign relations: Southeast Asia', in D. Twitchett and F.W. Mote (eds) *The Cambridge History of China, Volume 8: The Ming dynasty, part 2: 1368–1644*, Cambridge: Cambridge University Press, pp. 301–332.

Wang, G.W. (2013) *Renewal: The Chinese state and the new global history*, Hong Kong: Chinese University Press.

Weitz, R. (2006) 'Averting a new great game in Central Asia', *The Washington Quarterly*, 29(3): 155–167.

Wheaton, H. (1836) *Elements of International Law with a Sketch of the History of the Science*, Philadelphia: Carey, Lea, and Blanchard.

Willis, J.E. (1998) 'Relations with maritime Europeans, 1514–1662', in D. Twitchett and F.W. Mote (eds) *The Cambridge History of China, Volume 8: The Ming dynasty, part 2: 1368–1644*, Cambridge: Cambridge University Press, pp. 333⁻375.

Wohlforth, W.C. (1999) 'The stability of a unipolar world', *International Security*, 24(1): 5⁻41.

World Bank (2016) *World Development Indicators* database, Washington, DC: World Bank.

Xiang, B. (2016) *Emigration Trends and Policies in China: Movement of the wealthy and highly skilled*, Washington, DC: Migration Policy Institute.

Xu, J. (2016) 'Debates in IR academia and China's policy adjustments', *Chinese Journal of International Politics, 9(4): 459⁻485*.

Yan, X.T. (2001) 'The rise of China in China's eyes', *Journal of Contemporary China*, 10(26): 33⁻39.

Yan, X.T. (2014) 'From keeping a low profile to striving for achievement', *Chinese Journal of International Politics*, 7(2): 153⁻184.

Yu, Y.S. (1986) 'Han foreign relations', in D. Twitchett and M. Loewe (eds) *The Cambridge History of China, Volume 1: The Ch'in and Han empires, 221 BC–AD 220*, Cambridge: Cambridge University Press, pp. 377⁻462.

Zhang, F. (2009) 'Rethinking the "tribute system": Broadening the conceptual horizon of historical East Asian politics', *Chinese Journal of International Politics*, 2(4): 545⁻574.

Zhang, F. (2010) 'The *tianxia* system: World order in a Chinese utopia', *Global Asia*, 4(4): 108⁻112.

Zhang, F. (2015a) *Chinese Hegemony: Grand strategy and international institutions in East Asian History*, Stanford, CA: Stanford University Press.

Zhang, Y.J. (2001) 'System, empire and state in Chinese international relations', *Review of International Studies*, 27(5): 43⁻63.

Zhang, Y.J. and Buzan, B. (2012) 'The tributary system as international society in theory and practice', *Chinese Journal of International Politics*, 5(1): 3⁻36.

Zhang, Y.L. (2015b) 'One Belt, One Road: A Chinese view', *Global Asia*, 10(3): 8⁻12.

Zhao, T.Y. (2006) 'Rethinking empire from a Chinese concept "allunder-heaven" (tian-xia)', *Social Identities*, 12(1): 29-41.

Zhao, T.Y. (2009) 'A political world philosophy in terms of all-underheaven (tian-xia)', *Diogenes*, 221: 5-18.

Zhao, T.Y. (2012) 'All-under-heaven and methodological relationalism: An old story and new world peace', in F. Dallmayr and T.Y. Zhao (eds) *Contemporary Chinese Political Thought: Debates and perspectives*, Lexington: University Press of Kentucky, pp. 46-66.

Zhao, K.J. (2015) 'The motivation behind China's public diplomacy', *Chinese Journal of International Politics*, 8(2): 167-196.

Zheng, Y.N. and Wu, D. (2014) 'Wang Gungwu and the study of China's international relations', in N. Horesh and E. Kavalski (eds) *Asian Thought on China's Changing International Relations*, New York: Palgrave Macmillan, pp. 54-75.

Zizek, S. (2011) *Living in the End Times*, London: Verso.

아메리칸 티엔시아

초판인쇄 2023년 8월 1일
초판발행 2023년 8월 1일

지은이 살바토르 바바우네스
옮긴이 현민
펴낸이 채종준
펴낸곳 한국학술정보(주)
주 소 경기도 파주시 회동길 230(문발동)
전 화 031-908-3181(대표)
팩 스 031-908-3189
홈페이지 http://ebook.kstudy.com
E-mail 출판사업부 publish@kstudy.com
등 록 제일산-115호(2000. 6. 19)

ISBN   979-11-6683-465-0 93300